Programación asíncrona con C#

Manual de estudiante

Primera edición

Octubre de 2017

Miguel Muñoz Serafín

Contenido

Acerca del módulo

Los procesadores modernos utilizan **Threads** (**Hilos**) para ejecutar simultáneamente múltiples operaciones. Si nuestra aplicación realiza toda su lógica en un único hilo, no estaremos haciendo el mejor uso de los recursos de procesamiento disponibles, lo cual puede dar lugar a una mala experiencia para nuestros usuarios.

En este módulo, conoceremos la forma de mejorar el rendimiento de nuestras aplicaciones mediante la distribución de sus operaciones a través de múltiples *Threads*, también conocidos como *Hilos* o *Subprocesos*.

Audiencia

Este módulo está dirigido a desarrolladores con experiencia en el lenguaje de programación C# que desean implementar operaciones asíncronas para mejorar el rendimiento y el tiempo de respuesta en sus aplicaciones. Es de utilidad para desarrolladores de aplicaciones móviles con Xamarin que utilizan C# para realizar operaciones asíncronas tales como el consumo de servicios Web.

Objetivos

Al finalizar este módulo, los participantes contarán con las habilidades y conocimientos para:

- Utilizar la biblioteca de procesamiento paralelo basado en tareas (*Task Parallel Library*) para implementar multitareas.
- Realizar operaciones de larga duración de forma asíncrona sin bloquear hilos de ejecución.
- Controlar la manera en que múltiples hilos pueden acceder a recursos de forma concurrente.

Requerimientos

Para la realizar los ejercicios de este módulo, es necesario contar con lo siguiente:

- Un equipo de desarrollo con Visual Studio 2107. Puede utilizarse la versión gratuita **Visual Studio Community** que puede descargarse desde el siguiente enlace:

  https://www.visualstudio.com/community/

  Los ejemplos descritos en este módulo fueron diseñados con Visual Studio Enterprise 2017 sobre una máquina con Windows 10 Pro.

Contenido del módulo

El contenido de este entrenamiento está dividido en 4 lecciones.

Lección 1: Implementando multitareas.

Esta lección se compone de un laboratorio donde se presenta una introducción al manejo de tareas con Visual C#. Al finalizar esta lección podrás utilizar la biblioteca **Task Parallel** para crear *tareas* (*tasks*), controlar la forma en que se ejecutan las tareas, devolver valores desde las tareas y cancelar las tareas de larga duración.

Lección 2: Procesamiento Paralelo.

Esta lección se compone de un laboratorio donde aprenderás a utilizar la biblioteca de clases **Task Parallel** para ejecutar tareas en paralelo, ejecutar iteraciones de ciclo en paralelo, utilizar **Parallel LINQ**, enlazar tareas y manejar las excepciones que puedan generarse durante la ejecución de tareas.

Lección 3: Realizando operaciones de forma asíncrona.

En esta lección aprenderás varias técnicas para invocar y administrar operaciones asíncronas. Al finalizar esta lección podrás utilizar el objeto **Dispatcher** para ejecutar código en un hilo específico, utilizar las palabras clave **async** y **await** para ejecutar operaciones asíncronas, crear métodos que sean compatibles con el operador **await**, crear e invocar **Métodos Callback**, utilizar la biblioteca *Task Parallel* con implementaciones del *Modelo de Programación Asíncrona (Asynchronous Programming Model – APM -)* tradicional y manejar excepciones lanzadas por operaciones asíncronas.

Lección 4: Sincronizando el acceso concurrente a datos.

En esta lección aprenderás a utilizar varias técnicas de sincronización para asegurar el acceso a recursos de una manera de **Hilo-Seguro** (**Thread-Safe**), en otras palabras, de una manera que se impida que el acceso concurrente tenga efectos impredecibles. Al finalizar esta lección podrás utilizar instrucciones **lock** para prevenir el acceso concurrente al código, utilizar primitivas de sincronización para restringir y controlar el acceso a los recursos y, utilizar colecciones concurrentes para almacenar datos de una manera de **Hilo-Seguro** (**Thread–Safe**).

Lección 1
Implementando multitareas

Típicamente, una aplicación gráfica consiste de bloques de código que se ejecutan cuando ocurre un evento. Estos eventos se disparan en respuesta a acciones como cuando el usuario hace un clic en un botón, mueve el mouse o abre una ventana. De forma predeterminada, este código se ejecuta en el hilo de la interfaz de usuario. Sin embargo, se debe evitar la ejecución de operaciones de una larga-duración en este hilo ya que esto puede hacer que la interfaz de usuario deje de responder. También, el ejecutar todo nuestro código en un solo hilo, no hace un buen uso del poder de procesamiento disponible en la computadora. La mayoría de las máquinas modernas contienen procesadores de múltiples núcleos por lo que, al ejecutar todas las operaciones en un único hilo, utilizaremos un solo núcleo del procesador.

El Microsoft .NET Framework incluye la **Biblioteca de Tareas Paralelas (TPL, Task Parallel Library)**. Esta biblioteca, está formada por un conjunto de clases que facilitan la distribución de la ejecución de nuestro código a través de múltiples hilos. Podemos ejecutar esos hilos en diferentes núcleos del procesador y aprovechar las ventajas del paralelismo que proporciona este modelo. Podemos asignar tareas de larga duración a un hilo independiente y dejar al hilo de la interfaz de usuario libre para responder a las acciones del usuario.

Esta lección se compone de un laboratorio donde se presenta una introducción al manejo de tareas con Visual C#. Al finalizar la lección podrás utilizar la biblioteca *Task Parallel* para crear aplicaciones multiproceso (*multithreaded*) y responsivas.

Objetivos de la lección

Al finalizar esta lección, los participantes podrán:

- Crear tareas (*Tasks*).
- Controlar la forma en que se ejecutan las tareas.
- Devolver valores desde las tareas.
- Cancelar las tareas de larga duración.

Laboratorio:
Trabajando con Tareas

La clase **Task** se encuentra en el corazón de **Task Parallel Library (TPL)** del .NET Framework. Como su nombre lo indica, utilizamos la clase *Task* para representar una *tarea* o, en otras palabras, una unidad de trabajo. La clase *Task* nos permite realizar múltiples *tareas* al mismo tiempo, cada una en un hilo diferente. Detrás de escena, *TPL* administra el *Grupo de hilos* (*Thread pool*) y asigna tareas a los hilos. Podemos implementar funcionalidad multitarea sofisticada utilizando la biblioteca *Task Parallel* para encadenar tareas, pausar tareas, esperar a que las tareas se completen antes de continuar y realizar muchas otras operaciones.

En este laboratorio presentaremos una introducción al manejo de *tareas* con Visual C#.

Objetivos

Al finalizar este laboratorio, los participantes serán capaces de:

- Crear tareas.
- Utilizar expresiones lambda para crear tareas.
- Controlar la ejecución de las tareas.
- Devolver el valor de una tarea.
- Cancelar tareas de larga duración.

Requisitos

Para la realización de este laboratorio es necesario contar con lo siguiente:

- Un equipo de desarrollo con Visual Studio. Los pasos descritos en este laboratorio fueron diseñados con Visual Studio Enterprise 2017 sobre una máquina con Windows 10 Pro.

Tiempo estimado para completar este laboratorio: **60 minutos**.

Ejercicio 1: Creando Tareas

En este ejercicio, crearás una aplicación con interfaz de usuario gráfica para ejemplificar la creación de tareas utilizando la clase *Task*, *Delegados* y *Expresiones lambda*.

Tarea 1. Crear una aplicación gráfica.

En esta tarea, crearás una aplicación gráfica *Windows Presentation Foundation* que será utilizada para realizar cada una de las tareas de este laboratorio. Si lo deseas, puedes crear alguna otra aplicación gráfica como, por ejemplo, Xamarin.Android o Xamarin.iOS.

Realiza los siguientes pasos para crear una aplicación **Windows Presentation Foundation**.

1. Abre Visual Studio en el contexto del Administrador.

2. Selecciona la opción **File** > **New** > **Project**.

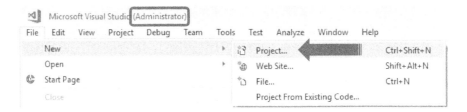

3. En la ventana **New Project** selecciona la plantilla **WPF App (.NET Framework)** para crear una nueva aplicación **Windows Presentation Foundation**.

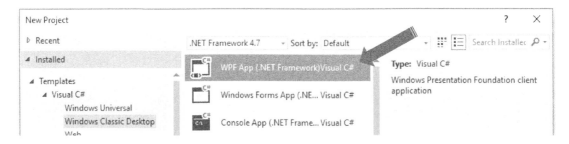

4. Asigna un nombre al proyecto y haz clic en **OK** para crear la solución.

El *Explorador de Soluciones* será similar al siguiente.

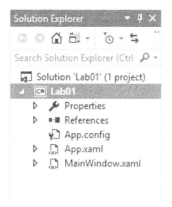

5. Haz doble clic sobre el archivo **MainWindow.xaml** para abrirlo en el diseñador.

6. Agrega el siguiente código en la vista XAML dentro del elemento **Grid** para definir un control **Label**.

```
<Label x:Name="Messages" />
```

7. Guarda los cambios.

Tarea 2. Crear una tarea.

En esta tarea utilizarás la clase **Task** para crear tareas utilizando *Delegados* y métodos anónimos.

1. Selecciona la opción **View Code** del menú contextual del archivo **MainWindows.xaml**.

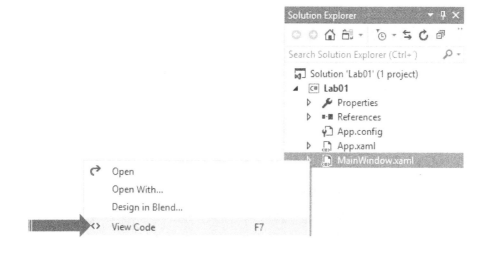

2. Agrega el siguiente código para definir el método **CreateTask**. En este método agregaremos el código que realizaremos en esta tarea.

```
void CreateTask()
{

}
```

3. Agrega el siguiente código en el método **CreateTask** para definir una variable que represente una tarea. Utilizamos la clase *Task* para representar una tarea o, en otras palabras, una unidad de trabajo.

```
void CreateTask()
{
    Task T;
}
```

Un objeto *Task* ejecuta un bloque de código.

4. Agrega el siguiente método a la clase **MainWindow**. Este método contiene un bloque de código que podemos asociar a una tarea. El método permite mostrar al usuario un cuadro de dialogo con un mensaje.

```
void ShowMessage()
{
    MessageBox.Show("Ejecutando el método ShowMessage");
}
```

Para que la tarea pueda ejecutar un método, podemos crear un delegado **Action** que envuelva a ese método.

5. Agrega el siguiente código en el método *CreateTask* para envolver al método *ShowMessage* en un delegado **Action**.

```
void CreateTask()
{
    Task T;
    var Code = new Action(ShowMessage);

}
```

El bloque de código que debe ejecutar la tarea puede ser especificado como un parámetro del constructor.

6. Agrega el siguiente código para crear una tarea especificando en su constructor el bloque de código que podrá ejecutar.

```
void CreateTask()
```

```
{
    Task T;
    var Code = new Action(ShowMessage);

    T = new Task(Code);
}
```

> Un delegado proporciona un mecanismo para hacer referencia a un bloque de código o a un método. La clase **Action** es un tipo de la biblioteca de clases del .NET Framework que nos permite convertir un método en un delegado. El método no puede devolver un valor, pero puede tomar parámetros.
>
> La biblioteca de clases del .NET Framework también proporciona la clase **Func**, que permite definir un delegado que puede devolver un resultado.

Utilizar un delegado **Action** requiere que hayamos definido un método que contenga el código que deseamos ejecutar en una tarea. Sin embargo, si el único propósito de este método es proporcionar la lógica para una tarea y no se vuelve a utilizar en otro lado, podemos encontrarnos creando y teniendo que recordar los nombres de una gran cantidad de métodos. Esto hace que el mantenimiento sea más difícil.

Un enfoque más común es utilizar *métodos anónimos*. Un método anónimo es un método sin nombre. Proporcionamos el código de un método anónimo directamente (inline), en el punto que necesitamos utilizarlo. Podemos utilizar la palabra reservada **delegate** para convertir un método anónimo en delegado.

7. Agrega el siguiente código para crear una tarea mediante la utilización de un delegado anónimo.

```
Task T2 = new Task(delegate
{
    MessageBox.Show("Ejecutando una tarea en un delegado anónimo");
});
```

Tarea 3. Utilizar expresiones Lambda para crear tareas.

Una expresión lambda es una sintaxis abreviada que proporciona una manera simple y concisa para definir métodos anónimos como delegados. Cuando creamos una instancia *Task*, podemos utilizar una expresión lambda para definir al delegado que deseamos asociar con la tarea.

En esta tarea, conocerás la sintaxis de las expresiones lambda y la forma de utilizar expresiones lambda para crear tareas.

1. Agrega el siguiente código al final del método *CreateTask*.

```
Task T3 = new Task();
```

Puedes notar que el constructor de la clase *Task* requiere de un bloque de código a ejecutar, este bloque de código puede ser un delegado.

2. Modifica el código anterior para especificar un delegado que invoque a un método con nombre.

```
Task T3 = new Task(delegate { ShowMessage(); });
```

Si deseamos que el delegado invoque un método con nombre o una simple línea de código, podemos utilizar una expresión lambda. Una expresión lambda proporciona una notación abreviada para definir un delegado que puede tomar parámetros y devolver un resultado. Una expresión lambda tiene la siguiente forma:

(*Parámetros de entrada*) **=>** *Expresión*

En este caso:

- El operador lambda, **=>**, se lee como "va hacia".
- La parte izquierda del operador lambda incluye las variables que deseamos pasarle a la expresión. Si no requerimos ninguna entrada, por ejemplo, si estamos invocando un método que no toma parámetros, incluimos paréntesis vacíos () en el lado izquierdo del operador lambda.
- El lado derecho del operador lambda incluye la expresión que deseamos evaluar. Alternativamente, podemos invocar a un método del lado derecho del operador lambda.

3. Modifica la línea de código anterior para especificar ahora una expresión lambda que representa a un delegado que invoca a un método con nombre (método no anónimo).

```
Task T3 = new Task( () => ShowMessage() );
```

4. Agrega el siguiente código que ejemplifica el uso de una expresión lambda que representa a un delegado que invoca a un método anónimo.

```
Task T4 = new Task(() => MessageBox.Show("Ejecutando la Tarea 4"));
```

Una expresión lambda puede ser una simple expresión o llamada a función como se muestra en el ejemplo anterior, o puede referenciar a un bloque de código más largo. Para hacer esto, especificamos el código entre llaves (como el cuerpo de un método) a la derecha del operador lambda.

5. Agrega el siguiente código para ejemplificar el uso de expresiones lambda para representar un bloque de código.

```
Task T5 = new Task(() =>
{
    DateTime CurrentDate = DateTime.Today;
    DateTime StartDate = CurrentDate.AddDays(30);
    MessageBox.Show($"Tarea 5. Fecha calculada:{StartDate}");
});
```

Algo importante que podemos notar es que algunas de las sobrecargas del constructor de la clase *Task* como la del código anterior, espera un tipo *Delegate* **Action**.

```
new Task()
▲ 1 of 8 ▼  Task(Action action)
            Initializes a new Task with the specified action.
            action: The delegate that represents the code to execute in the task.
```

El tipo *Delegate* **Action** encapsula un método que no tiene parámetros y no devuelve un valor, por lo cual, debemos poner paréntesis vacíos a la izquierda del operador lambda, tal y como se muestra en el ejemplo anterior.

El constructor de la clase *Task*, también tiene sobrecargas que aceptan un tipo *Delegate* **Action<object>**.

```
new Task()
▲ 4 of 8 ▼  Task(Action<object> action, object state)
            Initializes a new Task with the specified action and state.
            action: The delegate that represents the code to execute in the task.
```

El parámetro **state** representa el valor del parámetro **object** del delegado **Action<object>**.

6. Agrega el siguiente código para ejemplificar el uso de expresiones lambda que utilizan parámetro. El código utiliza una sintaxis del constructor de la clase *Task* que acepta un parámetro.

```
Task T6 = new Task((message) =>
MessageBox.Show(message.ToString()), "Expresión lambda con parámetros.");
```

En este caso, al ejecutar la tarea, el parámetro **message** tendrá el valor "***Expresión lambda con parámetros.***".

A medida que los delegados se vuelven más complejos, las expresiones lambda ofrecen una forma mucho más concisa y fácil de entender para expresar delegados anónimos y métodos anónimos. Debido a esto, las expresiones lambda son el enfoque recomendado cuando trabajamos con tareas.

 Para obtener más información acerca de expresiones lambda, se recomienda consultar el siguiente enlace:

Lambda Expressions (C# Programming Guide)
http://go.microsoft.com/fwlink/?LinkID=267836

Ejercicio 2: Controlando la Ejecución de las Tareas

La biblioteca **Task Parallel**, ofrece diversos enfoques que pueden ser utilizados para iniciar tareas. Existen también diferentes maneras en que podemos pausar la ejecución del código hasta que una o más tareas se hayan completado.

En este ejercicio conocerás la forma de iniciar la ejecución de una tarea y los distintos mecanismos que podemos utilizar para esperar a que la ejecución de una tarea finalice.

Tarea 1. Iniciar una tarea.

Cuando el código de una aplicación inicia una tarea, la biblioteca **Task Parallel**, asigna un hilo (*thread*) a la tarea y se empieza a ejecutar esa tarea. La tarea se ejecuta en un hilo independiente, por lo que el código no necesita esperar a que la tarea se complete. En vez de eso, la tarea y el código que invoca la tarea, continúan ejecutándose en paralelo. Veamos esto en acción.

1. Agrega el siguiente código al inicio del archivo **MainWindow.xaml.cs** para importar el espacio de nombres que contiene la clase **Thread**.

   ```
   using System.Threading;
   ```

2. Agrega el siguiente código a la clase **MainWindow** para definir un método que agregue al contenido del control **Messages** el mensaje recibido como parámetro y el identificador del hilo de ejecución actual.

   ```
   void AddMessage(string message)
   {
       Messages.Content +=
           $"Mensaje: {message}, " +
           $"Hilo actual: {Thread.CurrentThread.ManagedThreadId}\n";
   }
   ```

3. Dentro del método *CreateTask*, agrega el siguiente código para definir una tarea que invoque al método **AddMessage**.

   ```
   Task T7 = new Task(() => AddMessage("Ejecutando la tarea"));
   ```

   Cuando el código de la aplicación inicia una tarea, la biblioteca **Task Parallel** asigna un hilo a la tarea y esta se empieza a ejecutar. Para iniciar una tarea, podemos utilizar el método **Start** del objeto *Task*.

4. Agrega el siguiente código debajo de la instrucción anterior para iniciar la tarea.

```
Task T7 = new Task(() => AddMessage("Ejecutando la tarea"));
T7.Start();
```

La tarea se ejecutará en un hilo independiente, por lo que el código principal de la aplicación no necesita esperar a que la tarea sea completada. La tarea y el hilo principal se ejecutarán en paralelo.

5. Agrega el siguiente código debajo del código anterior para que el hilo principal invoque al método **AddMessage**.

```
AddMessage("En el hilo principal");
```

6. Agrega el siguiente código en el constructor de la clase *MainWindow* para invocar al método *CreateTask*.

```
public MainWindow()
{
    InitializeComponent();
    CreateTask();
}
```

7. Ejecuta la aplicación. Podrás notar que se genera una excepción.

```
void AddMessage(string message)
{
    Messages.Content +=
        $"Mensaje: {message}, " +
        $"Hilo actual: {Thread.CurrentThread.ManagedThreadId}\n";  ⊗
}
```

Exception User-Unhandled   ⊅ ✕

System.InvalidOperationException: 'The calling thread cannot access this object because a different thread owns it.'

View Details | Copy Details
▸ Exception Settings

Esta excepción es generada cuando un *thread* distinto al *thread* principal intenta actualizar los elementos de la interfaz de usuario, en este caso el hilo distinto fue el de la tarea lanzada por el hilo principal.

En aplicaciones WPF puedes resolver este problema a través del objeto ***Dispatcher***.

8. Modifica el código del método ***AddMessage*** para permitir que un hilo distinto al hilo principal pueda modificar los elementos de la interfaz de usuario.

```
void AddMessage(string message)
{
    this.Dispatcher.Invoke(() =>
    {
```

```
        Messages.Content +=
            $"Mensaje: {message}, " +
            $"Hilo actual: {Thread.CurrentThread.ManagedThreadId}\n";
    });
  }
```

9. Ejecuta nuevamente la aplicación. Puedes notar que ahora se muestran los mensajes correspondientes.

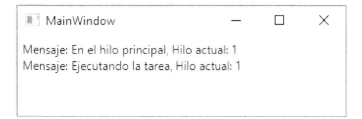

Puedes notar que el hilo principal es el que modifica los elementos de la interfaz de usuario (Hilo actual: 1).

10. Regresa a Visual Studio y detén la ejecución.

11. Modifica el código del método **AddMessage** para que muestre el identificador del *thread* que invoca al método **AddMessage**.

```
void AddMessage(string message)
{
    int CurrentThreadID = Thread.CurrentThread.ManagedThreadId;

    this.Dispatcher.Invoke(() =>
    {
        Messages.Content +=
            $"Mensaje: {message}, " +
            $"Hilo actual: {CurrentThreadID}\n";
    });
}
```

12. Ejecuta nuevamente la aplicación. Puedes notar que ahora se muestra el identificador del thread del hilo principal y el del hilo alterno.

En la imagen anterior, también puedes notar que, en este caso, el hilo principal fue ejecutado antes que el hilo alterno.

Tarea 2. Iniciar una tarea con la clase TaskFactory.

Alternativamente, podemos utilizar la clase estática **TaskFactory** para crear y poner en cola una tarea con una sola línea de código. La clase *TaskFactory* es expuesta a través de la propiedad estática **Factory** de la clase *Task*.

1. Agrega el siguiente código al final del método *CreateTask*.

```
var T8 =
    Task.Factory.StartNew(() => AddMessage("Tarea iniciada con TaskFactory"));
```

El método **Task.Factory.StartNew** es ampliamente configurable y tiene distintas sobrecargas.

```
Task.Factory.StartNew()
```

▲ 1 of 16 ▼ (awaitable) Task TaskFactory.StartNew(Action **action**)
Creates and starts a task.
Usage:
  await StartNew(...);
action: *The action delegate to execute asynchronously.*

Si simplemente deseamos ejecutar algún código sin utilizar opciones adicionales de ejecución, podemos utilizar el método estático **Task.Run** como un atajo del método **Task.Factory.StartNew**.

2. Agrega el siguiente código para ejemplificar el uso del método **Task.Run**.

```
var T9 = Task.Run(() => AddMessage("Tarea ejecutada con Task.Run"));
```

3. Ejecuta la aplicación. Puedes notar los mensajes de cada tarea.

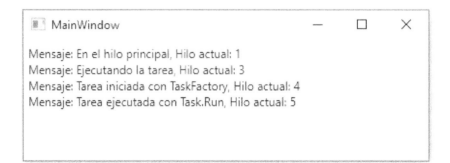

MainWindow — □ ✕

Mensaje: En el hilo principal, Hilo actual: 1
Mensaje: Ejecutando la tarea, Hilo actual: 3
Mensaje: Tarea iniciada con TaskFactory, Hilo actual: 4
Mensaje: Tarea ejecutada con Task.Run, Hilo actual: 5

Tarea 3. Esperar la ejecución de las tareas.

En algunos casos, es posible que necesitemos interrumpir la ejecución de código hasta que se haya completado una determinada tarea.

Normalmente esto se hace si el código depende del resultado de una o más tareas, o si se tienen que manejar las excepciones que una tarea puede producir.

En esta tarea conocerás los distintos mecanismos que podemos utilizar para esperar a que la ejecución de una tarea finalice: *Task.Wait*, *Task.WaitAll* y *Task.WaitAny*.

Task.Wait

Uno de los mecanismos que podemos utilizar para para esperar a que la ejecución de una tarea finalice es utilizando el método *Task.Wait*.

Si queremos esperar a que una sola tarea complete su ejecución, utilizamos el método *Task.Wait*.

1. Agrega el siguiente método a la clase *MainWindow*. El método envía una cadena de texto a la ventana *Output* de *Visual Studio*.

```csharp
void WriteToOutput(string message)
{
    System.Diagnostics.Debug.WriteLine(
        $"Mensaje: {message}, " +
        $"Hilo actual: {Thread.CurrentThread.ManagedThreadId}");
}
```

2. Agrega el siguiente código al método *CreateTask* para definir la ejecución de una tarea.

```csharp
var T10 = Task.Run(() =>
{
    WriteToOutput("Iniciando tarea 10...");
    // Simular un proceso de dura 10 segundos
    Thread.Sleep(10000); // El hilo es suspendido por 10000 milisegundos
    WriteToOutput("Fin de la tarea 10.");
});
```

3. Agrega el siguiente código para que el hilo principal notifique que está esperando a que la tarea termine su ejecución.

```csharp
WriteToOutput("Esperando a la tarea 10.");
```

4. Agrega el siguiente código para esperar a que la tarea finalice su ejecución.

```csharp
T10.Wait();
```

5. Agrega el siguiente código para que el hilo principal notifique que la tarea ha finalizado su ejecución.

```
WriteToOutput("La tarea finalizó su ejecución");
```

6. Ejecuta la aplicación.

7. Selecciona la opción **View** > **Output** de la barra de menús de Visual Studio para mostrar la ventana *Output*.

8. Puedes notar los siguientes mensajes.

```
Output
Show output from:  Debug                                          ▼
LdDUI.exe  (CLR v4.0.30319: LdD01.exe): LOdded  C:\WINDOWS\Microsoft.Net\as
Step into: Stepping over non-user code 'Lab01.App.InitializeComponent'
'Lab01.exe' (CLR v4.0.30319: Lab01.exe): Loaded 'C:\WINDOWS\Microsoft.Net\as
Mensaje: Esperando a la tarea 10, Hilo actual: 1
Mensaje: Iniciando tarea 10..., Hilo actual: 6
Mensaje: Fin de la tarea 10., Hilo actual: 6
Mensaje: La tarea finalizó su ejecución, Hilo actual: 1
Lab01.exe  (CLR v4.0.30319: Lab01.exe): Loaded  C:\WINDOWS\Microsoft.Net\as
```

Puedes notar que el hilo principal (Hilo actual: 1) detiene su ejecución y espera a que la tarea (Hilo actual: 6) termine su ejecución tal y como lo esperábamos.

 ¿Qué sucede si cambias las llamadas al método **WriteToOutput** por **AddMessage** y ejecutas la aplicación?

¿Se muestran los mensajes en la pantalla sin ningún problema? ¿Sí? ¿No? ¿Por qué?

Task.WaitAll

Si queremos esperar a que múltiples tareas finalicen su ejecución, debemos agregar las tareas a un arreglo.

Para esperar a que todas las tareas finalicen su ejecución, utilizamos el método estático **Task.WaitAll** pasándole el arreglo de tareas como parámetro.

9. Agrega el siguiente método a la clase **MainWindow**.

```
void RunTask(byte taskNumber)
{
    WriteToOutput($"Iniciando tarea {taskNumber}.");
```

```
// Simular un proceso de dura 10 segundos
Thread.Sleep(10000); // El hilo es suspendido por 10000 milisegundos
WriteToOutput($"Finalizando tarea {taskNumber}.");
}
```

El código anterior será ejecutado por una tarea y mostrará el momento en que inicia y el momento en que finaliza la ejecución, simulando la ejecución de un proceso que dura 10 segundos.

10. Agrega el siguiente código para definir un método llamado **RunTaskGroup**.

```
void RunTaskGroup()
{

}
```

11. Agrega el siguiente código dentro del método *RunTaskGroup* para definir un arreglo de tareas, cada una invocando al método *RunTask*.

```
Task[] TaskGroup = new Task[]
{
    Task.Run(() => RunTask(1)),
    Task.Run(() => RunTask(2)),
    Task.Run(() => RunTask(3)),
    Task.Run(() => RunTask(4)),
    Task.Run(() => RunTask(5))
};
```

12. Agrega ahora el siguiente código para esperar a que todas las tareas finalicen su ejecución. Nota que estamos utilizando el método estático **Task.WaitAll** pasándole el arreglo de tareas como parámetro.

```
WriteToOutput("Esperando a que finalicen todas las tareas...");
Task.WaitAll(TaskGroup);
WriteToOutput("Todas las tareas han finalizado.");
```

13. Modifica el código del constructor **MainWindow** para invocar al método *RunTaskGroup* en lugar del método *CreateTask*.

```
public MainWindow()
{
    InitializeComponent();
    //CreateTask();
    RunTaskGroup();
}
```

14. Ejecuta la aplicación. La ventana **Output** mostrará algo similar a lo siguiente.

```
Output                                                    ▾ □ ×
Show output from: Debug                    ▾ | ⌇ ≛ ≛ | ≍ ᵇᵇ⏎
Step into: Stepping over non-user code 'Lab01.App.InitializeComponent'
'Lab01.exe' (CLR v4.0.30319: Lab01.exe): Loaded 'C:\WINDOWS\Microsoft.Net\assembly\GAC_M
Mensaje: Esperando a que finalicen todas las tareas..., Hilo actual: 1
Mensaje: Iniciando tarea 5., Hilo actual: 5
Mensaje: Iniciando tarea 2., Hilo actual: 3
Mensaje: Iniciando tarea 1., Hilo actual: 4
Mensaje: Iniciando tarea 4., Hilo actual: 6
Mensaje: Iniciando tarea 3., Hilo actual: 7
Mensaje: Finalizando tarea 1., Hilo actual: 4
Mensaje: Finalizando tarea 5., Hilo actual: 5
Mensaje: Finalizando tarea 2., Hilo actual: 3
Mensaje: Finalizando tarea 3., Hilo actual: 7
Mensaje: Finalizando tarea 4., Hilo actual: 6
Mensaje: Todas las tareas han finalizado., Hilo actual: 1
'Lab01.exe' (CLR v4.0.30319: Lab01.exe): Loaded 'C:\WINDOWS\Microsoft.Net\assembly\GAC_M
'Lab01.exe' (CLR v4.0.30319: Lab01.exe): Loaded 'C:\Users\mmunoz\AppData\Local\Temp\Visu ▾
◂                                                              ▸
```

Puedes notar que no hay un orden de ejecución de cada tarea, sin embargo, el mensaje *"Todas las tareas han finalizado..."* se muestra después de que todas las tareas del arreglo finalizaron. En otras palabras, con *Task.WaitAll*, el hilo principal esperó a que todas las tareas del arreglo finalizaran su ejecución.

Task.WaitAny

Si queremos esperar a que al menos una tarea de un grupo de tareas finalice su ejecución, debemos agregar las tareas a un arreglo.

Para esperar a que al menos una de las tareas finalice su ejecución, utilizamos el método estático *Task.WaitAny* pasándole el arreglo de tareas como parámetro.

15. Modifica las siguientes líneas de código para esperar a que finalice al menos una tarea del arreglo.

```
WriteToOutput("Esperando a que finalicen todas las tareas...");
Task.WaitAll(TaskGroup);
WriteToOutput("Todas las tareas han finalizado.");
```

Las líneas anteriores deberán quedar modificadas de la siguiente forma.

```
WriteToOutput("Esperando a que finalice al menos una tarea...");
Task.WaitAny(TaskGroup);
WriteToOutput("Al menos una tarea finalizó.");
```

16. Ejecuta la aplicación. La ventana Output mostrará algo similar a lo siguiente.

```
Output                                                                    ▾ □ ✕
Show output from:  Debug                                    ▾ │ ⤴ │ ⤵ ⤶ │ ⋈ ⋈
Step into: Stepping over non-user code 'Lab01.App.InitializeComponent'
'Lab01.exe' (CLR v4.0.30319: Lab01.exe): Loaded 'C:\WINDOWS\Microsoft.Net\assembly\GAC_
Mensaje: Esperando a que finalice al menos una tarea..., Hilo actual: 1
Mensaje: Iniciando tarea 4., Hilo actual: 7
Mensaje: Iniciando tarea 2., Hilo actual: 5
Mensaje: Iniciando tarea 5., Hilo actual: 9
Mensaje: Iniciando tarea 3., Hilo actual: 4
Mensaje: Iniciando tarea 1., Hilo actual: 3
Mensaje: Finalizando tarea 4., Hilo actual: 7
Mensaje: Al menos una tarea finalizó., Hilo actual: 1
Mensaje: Finalizando tarea 2., Hilo actual: 5
Mensaje: Finalizando tarea 5., Hilo actual: 9
Mensaje: Finalizando tarea 3., Hilo actual: 4
Mensaje: Finalizando tarea 1., Hilo actual: 3
'Lab01.exe' (CLR v4.0.30319: Lab01.exe): Loaded 'C:\WINDOWS\Microsoft.Net\assembly\GAC_
'Lab01.exe' (CLR v4.0.30319: Lab01.exe): Loaded 'C:\Users\mmunoz\AppData\Local\Temp\Visu
'Lab01.exe' (CLR v4.0.30319: Lab01.exe): Loaded 'C:\WINDOWS\Microsoft.Net\assembly\GAC_
'Lab01.exe' (CLR v4.0.30319: Lab01.exe): Loaded 'C:\WINDOWS\Microsoft.Net\assembly\GAC_
'Lab01.exe' (CLR v4.0.30319: Lab01.exe): Loaded 'C:\WINDOWS\Microsoft.Net\assembly\GAC_
'Lab01.exe' (CLR v4.0.30319: Lab01.exe): Loaded 'C:\WINDOWS\Microsoft.Net\assembly\GAC_
◄                                                                              ►
```

Puedes notar que ahora el mensaje fue mostrado al finalizar al menos una tarea. En otras palabras, con ***Task.WaitAny***, el hilo principal esperó a que al menos una tarea del arreglo finalizara su ejecución.

Ejercicio 3: Retornando un valor de una Tarea

Para que las tareas puedan ser efectivas en escenarios del mundo real, tenemos que ser capaces de crear tareas que puedan devolver valores o resultados al código que inicie la tarea. La clase no genérica **Task**, no permite hacer esto. Sin embargo, la biblioteca **Task Parallel** también incluye la clase genérica **Task<TResult>** que podemos utilizar cuando necesitemos devolver algún valor.

En este ejercicio, utilizarás la clase **Task<TResult>** para definir tareas que devuelvan valores.

Tarea 1. Crear una tarea que devuelva un valor.

Cuando creamos una instancia de **Task<TResult>**, utilizamos el *Parámetro de Tipo* (*TResult*) para especificar el tipo del resultado que devolverá la tarea.

1. Agrega el siguiente código para definir un método llamado **ReturnTaskvalue**.

   ```
   void ReturnTaskValue()
   {

   }
   ```

2. Dentro del método *ReturnTaskvalue*, agrega el siguiente código que define una variable que permitirá ejecutar una tarea que devuelve un valor entero.

   ```
   Task<int> T;
   ```

   Utilizamos el parámetro de tipo **TResult** (en este caso **int**) para especificar el tipo de resultado que devolverá la tarea.

3. Agrega el siguiente código para ejecutar una tarea que devuelve un valor entero.

   ```
   T = Task.Run<int>();
   ```

   Cuando creamos una instancia de **Task<TResult>**, utilizamos el parámetro de tipo (**TResult**) para especificar el tipo del resultado que devolverá la tarea. El constructor espera el código que será ejecutado y que debe devolver un valor entero.

4. Modifica la línea anterior para especificar el código que será ejecutado en la tarea. Este código devuelve un número aleatorio positivo menor a 1000.

```
T = Task.Run<int>( () => new Random().Next(1000) );
```

La clase *Task<TResult>* expone una propiedad de sólo lectura llamada **Result**. Después de que la tarea termine su ejecución, podemos utilizar la propiedad **Result** para recuperar el valor devuelto por la tarea.

5. Agrega el siguiente código para mostrar el valor devuelto por la tarea.

```
WriteToOutput($"Valor devuelto por la tarea: {T.Result}");
```

Nota que la propiedad **Result** es del mismo tipo que el parámetro de tipo de la tarea.

```
WriteToOutput($"Valor devuelto por la tarea: {T.Result}");
```

> int Task<int>.Result { get; }
> the result value of this Task<TResult>.
>
> Exceptions:
> AggregateException

6. Modifica el código del constructor *MainWindow* para invocar sólo al método *ReturnTaskValue*.

```
public MainWindow()
{
    InitializeComponent();
    //CreateTask();
    //RunTaskGroup();
    ReturnTaskValue();
}
```

7. Ejecuta la aplicación. Puedes notar que se muestra el resultado devuelto por la tarea.

```
Output                                                              ▼ □ ×
Show output from: Debug                              ▼  ⁂  ⁑  ⁂  ⋙  ᵃᵇ↵
'Lab01.exe' (CLR v4.0.30319: Lab01.exe): Loaded 'C:\WINDOWS\Microsoft.Net\assembly\GAC_▸
 Mensaje: Valor devuelto por la tarea: 645, Hilo actual: 1
'Lab01.exe' (CLR v4.0.30319: Lab01.exe): Loaded 'C:\WINDOWS\Microsoft.Net\assembly\GAC_▸
'Lab01.exe' (CLR v4.0.30319: Lab01.exe): Loaded 'C:\Users\mmunoz\AppData\Local\Temp\Visu
'Lab01.exe' (CLR v4.0.30319: Lab01.exe): Loaded 'C:\WINDOWS\Microsoft.Net\assembly\GAC_▸
'Lab01.exe' (CLR v4.0.30319: Lab01.exe): Loaded 'C:\WINDOWS\Microsoft.Net\assembly\GAC_▸
◀                                                                          ▶
```

Es importante mencionar que cuando el hilo principal accede a la propiedad *Result* y la tarea aún no ha terminado su ejecución, el hilo principal esperará hasta que el resultado esté disponible antes de poder acceder a él.

8. Agrega el siguiente código en el método *ReturnTaskValue* para definir una nueva tarea.

```
Task<int> T2 = Task.Run<int>(() =>
{
    WriteToOutput("Obtener el número aleatorio...");
    Thread.Sleep(10000); // Simular un proceso largo.
    return new Random().Next(1000);
});
```

9. Agrega ahora el siguiente código para mostrar el resultado de la tarea.

```
WriteToOutput("Esperar el resultado de la tarea...");
WriteToOutput($"La tarea devolvió el valor {T2.Result}");
WriteToOutput("Fin de la ejecución del método ReturnTaskValue.");
```

10. Ejecuta la aplicación. Observa el resultado de la tarea.

```
Output
Show output from:  Debug
 'Lab01.exe' (CLR v4.0.30319: Lab01.exe): Loaded 'C:\WINDOWS\Microsoft.Net\assembly\GAC_N
 Step into: Stepping over non-user code 'Lab01.App.InitializeComponent'
 'Lab01.exe' (CLR v4.0.30319: Lab01.exe): Loaded 'C:\WINDOWS\Microsoft.Net\assembly\GAC_N
 Mensaje: Valor devuelto por la tarea: 784, Hilo actual: 1
 Mensaje: Esperar el resultado de la tarea..., Hilo actual: 1
 Mensaje: Obtener el número aleatorio..., Hilo actual: 3
 Mensaje: La tarea devolvió el valor 37, Hilo actual: 1
 Mensaje: Fin de la ejecución del método ReturnTaskValue., Hilo actual: 1
 'Lab01.exe' (CLR v4.0.30319: Lab01.exe): Loaded 'C:\WINDOWS\Microsoft.Net\assembly\GAC_N
 'Lab01.exe' (CLR v4.0.30319: Lab01.exe): Loaded 'C:\Users\mmunoz\AppData\Local\Temp\Visu
 'Lab01.exe' (CLR v4.0.30319: Lab01.exe): Loaded 'C:\WINDOWS\Microsoft.Net\assembly\GAC_N
 'Lab01.exe' (CLR v4.0.30319: Lab01.exe): Loaded 'C:\WINDOWS\Microsoft.Net\assembly\GAC_N
```

Puedes notar que el mensaje "***Fin de la ejecución...***" se muestra después de mostrar el resultado obtenido, en otras palabras, el hilo principal esperó a que el hilo secundario devolviera el resultado antes de continuar la ejecución.

Ejercicio 4: Cancelando Tareas de larga duración

Debido a su naturaleza asíncrona, las tareas se utilizan a menudo para realizar operaciones de larga duración sin bloquear el hilo de la interfaz de usuario. En algunos casos, podríamos querer dar a los usuarios la oportunidad de cancelar una tarea si ellos ya no desean esperar.

En este ejercicio, aprenderás a cancelar tareas de larga duración.

Tarea 1. Modificar la interfaz de usuario.

En esta tarea modificarás la interfaz de usuario de la aplicación para permitir lanzar y detener una tarea.

1. Haz doble clic sobre el archivo **MainWindow.xaml** para abrirlo en el diseñador.

2. Modifica el contenido del elemento **Grid** para agregar un botón que permita iniciar una tarea y un botón que permita detener la tarea. El código XAML será similar al siguiente.

```xml
<Grid>
    <Grid.RowDefinitions>
        <RowDefinition Height="*"/>
        <RowDefinition Height="auto"/>
    </Grid.RowDefinitions>
    <Label Grid.Row="0" x:Name="Messages" />
    <StackPanel Grid.Row="1" Orientation="Horizontal"
                HorizontalAlignment="Center" >
        <Button x:Name="StartTask" Content="Iniciar tarea"
                Margin="5" Padding="5"
                Click="StartTask_Click"/>
        <Button x:Name="CancelTask" Content="Cancelar tarea"
                Margin="5" Padding="5"
                Click="CancelTask_Click"/>
    </StackPanel>
</Grid>
```

3. Comenta el código dentro del constructor de la clase **MainWindow**.

```csharp
public MainWindow()
{
    InitializeComponent();
    //CreateTask();
    //RunTaskGroup();
    //ReturnTaskValue();
}
```

4. Agrega el siguiente código para definir los manejadores de evento clic de los botones agregados.

```
private void StartTask_Click(object sender, RoutedEventArgs e)
{

}

private void CancelTask_Click(object sender, RoutedEventArgs e)
{


}
```

5. Ejecuta la aplicación. La nueva interfaz será similar a la siguiente.

Tarea 2. Cancelar una tarea.

En algunos casos, podríamos querer dar a los usuarios la oportunidad de cancelar una tarea si ellos ya no desean esperar, sin embargo, sería peligroso interrumpir simplemente la tarea sobre demanda ya que esto podría dejar los datos de la aplicación en un estado desconocido. En lugar de eso, la biblioteca **Task Parallel** utiliza **Tokens de Cancelación** (**Cancellation Tokens**) que soportan un modelo de cancelación cooperativo.

1. Dentro de la clase **MainWindow**, agrega el siguiente código a nivel de clase para definir una variable que almacenará un objeto **CancellationTokenSource**, una variable para almacenar un *Token de Cancelación* y una variable para definir la tarea que podría ser cancelada.

```
CancellationTokenSource CTS;
CancellationToken CT;
Task LongRunningTask;
```

Examinemos la forma en que funciona un proceso de cancelación.

Creamos el origen del *Token de Cancelación*.

2. Agrega el siguiente código dentro del método **StartTask_Click**. Este método será ejecutado cuando el usuario haga clic en el botón *Iniciar tarea*. El código genera el objeto origen para el *Token de Cancelación*.

```
CTS = new CancellationTokenSource();
```

Obtenemos el Token de Cancelación.

3. Agrega el siguiente código para obtener el *Token de Cancelación* desde la propiedad **Token** del objeto *CancellationTokenSource*.

```
CT = CTS.Token;
```

Creamos la tarea y pasamos el Token de Cancelación al método delegado.

4. Agrega el siguiente código para crear la tarea y pasar el *Token de Cancelación* como un argumento al método delegado.

```
LongRunningTask = Task.Run(() =>
{
    DoLongRunningTask(CT);
});
```

5. Agrega el siguiente código a la clase ***MainWindow*** para definir el método que contiene el código que será ejecutado en la tarea.

```
void DoLongRunningTask(CancellationToken ct)
{

}
```

En el hilo que creó la tarea, solicitamos la cancelación invocando al método *Cancel* del objeto *CancellationTokenSource*

6. Agrega el siguiente código dentro del método ***CancelTask_Click***. Este código será ejecutado cuando el usuario presione el botón ***Cancelar tarea***.

```
private void CancelTask_Click(object sender, RoutedEventArgs e)
{
    CTS.Cancel();
}
```

En el método de la tarea, podemos verificar el estatus del *Token de Cancelación* en cualquier momento.

7. Agrega el siguiente código dentro del método *DoLongRunningTask* para verificar el estatus del *Token de Cancelación* y determinar si se ha solicitado cancelar la tarea.

```csharp
void DoLongRunningTask(CancellationToken ct)
{

    if(ct.IsCancellationRequested)
    {
        // Lógica para finalizar la tarea.
    }
}
```

En este punto, si se ha solicitado que la tarea sea cancelada, podemos finalizar la lógica de la tarea de forma apropiada, probablemente deshaciendo cualquier cambio que hayamos realizado en la tarea.

Por lo general, en el método de la tarea, podemos verificar en cualquier momento si se ha solicitado la cancelación de la tarea examinando el valor de la propiedad **IsCancellationRequested** del *Token de Cancelación*, Por ejemplo, si la lógica de la tarea itera sobre una colección, podríamos verificar la cancelación después de cada iteración.

8. Agrega el siguiente código al inicio del método *DoLongRunningTask* para simular un proceso que itera sobre una colección y verifica si se ha solicitado cancelar la tarea.

```csharp
void DoLongRunningTask(CancellationToken ct)
{
    int[] IDs = { 1, 3, 4, 7, 11, 18, 29, 47, 76, 100 };
    for(int i=0; i < IDs.Length && !ct.IsCancellationRequested; i++)
    {
        AddMessage($"Procesando ID: {IDs[i]}");
        Thread.Sleep(2000); // Simular un proceso largo.
    }

    if(ct.IsCancellationRequested)
    {
        // Finalizar el procesamiento
        AddMessage("Proceso cancelado.");
    }
}
```

9. Ejecuta la aplicación.

10. Haz clic en el botón **Iniciar tarea** y espera a que se muestren al menos unos 3 mensajes.

11. Haz clic en el botón **Cancelar tarea**. Podrás notar que el procesamiento de la tarea es cancelado y se muestra el mensaje correspondiente.

Este enfoque es apropiado si no necesitamos verificar si la tarea terminó completamente. Cada tarea expone una propiedad **Status** que permite monitorear el estado actual de la tarea durante su ciclo de vida. Si cancelamos una tarea y el método de la tarea retorna, el estatus de la tarea es establecido como **RanToCompletion**. En otras palabras, la tarea no tiene forma de saber por qué retornó el método. El método pudo haber finalizado en respuesta a una solicitud de cancelación o simplemente pudo haber completado su lógica.

12. Agrega el siguiente código debajo del código que define al botón **Cancelar Tarea**. Este código define un botón que nos permitirá mostrar el estatus de una tarea.

```
<Button x:Name="ShowStatus" Content="Mostrar estatus"
        Margin="5" Padding="5"
        Click="ShowStatus_Click"/>
```

13. En la clase **MainWindow**, agrega el siguiente código del manejador del evento clic del botón anterior.

```
private void ShowStatus_Click(object sender, RoutedEventArgs e)
{
    AddMessage($"Estatus de la tarea: {LongRunningTask.Status}");
}
```

El código permite mostrar el estado de la tarea.

14. Ejecuta la aplicación.

15. Haz clic en el botón **Iniciar tarea** y espera a que se muestren unos 3 mensajes.

16. Haz clic en el botón **Mostrar estatus**. Se mostrará el estatus **Running**.

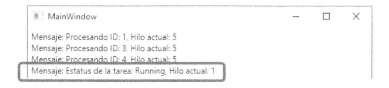

17. Haz clic en el botón **Cancelar tarea**.

18. Haz clic en el botón *Mostrar estatus*. Se mostrará el estatus **RanToCompletion**.

19. Detén la aplicación y vuelve a ejecutarla.

20. Haz clic en el botón *Iniciar tarea* y deja que termine la ejecución de la tarea.

21. Haz clic en el botón *Mostrar estatus*. Se mostrará el estatus **RanToCompletion**.

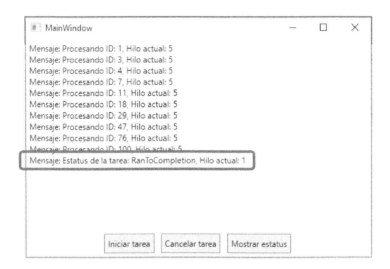

Podemos notar que la tarea principal no tiene forma de saber por qué retornó el método. Pudo haber retornado en respuesta a una solicitud de cancelación o simplemente pudo haber completado su lógica.

Si deseamos cancelar una tarea y ser capaces de confirmar que se ha cancelado, es necesario pasar el *Token de Cancelación* como un argumento al constructor de la tarea además de pasarlo al método delegado.

22. Modifica el código que inicia la tarea para pasarle al constructor de la tarea el *Token de Cancelación*.

```
LongRunningTask = Task.Run(() =>
{
    DoLongRunningTask(CT);
}, CT);
```

En el método de la tarea, debemos verificar el estatus del *Token de Cancelación*. Si se ha solicitado la cancelación de la tarea, debemos disparar una excepción *OperationCanceledException*.

Para verificar si una cancelación fue solicitada y de ser así, disparar la excepción *OperationCanceledException*, invocamos al método ***ThrowIfCancellationRequested*** del *Token de Cancelación*.

23. Modifica el código del método *DoLongRunningTask* para invocar al método ***ThrowIfCancellationRequested*** del *Token de cancelación.* El método ***ThrowIfCancellationRequested*** lanzará la excepción ***OperationCanceledException*** en caso de que se haya solicitado la cancelación de la tarea.

```
void DoLongRunningTask(CancellationToken ct)
{
    int[] IDs = { 1, 3, 4, 7, 11, 18, 29, 47, 76, 100 };
    for (int i = 0; i < IDs.Length && !ct.IsCancellationRequested; i++)
    {
        AddMessage($"Procesando ID: {IDs[i]}");
        Thread.Sleep(2000); // Simular un proceso largo.
    }

    if (ct.IsCancellationRequested)
    {
        // Si es necesario, realizar algún proceso de limpieza
        AddMessage("Proceso cancelado.");
        ct.ThrowIfCancellationRequested();
    }
}
```

Cuando se produce una excepción *OperationCanceledException*, la biblioteca *Task Parallel* examina el *Token de Cancelación* para verificar si se ha solicitado una cancelación. De ser así, la biblioteca *Task Parallel* maneja la excepción *OperationCanceledException*, establece el estatus de la tarea en ***Canceled*** y lanza una excepción ***TaskCanceledException*** empaquetada en un objeto ***AggregateExeption***. En el código que creó la solitud de cancelación, debemos atrapar la excepción ***TaskCanceledException*** y manejar la cancelación apropiadamente.

24. Presiona las teclas ***CTRL-F5*** para ejecutar la aplicación sin depuración. Esto te permitirá que Visual Studio no detenga la ejecución al generarse la excepción *OperationCanceledException* generada por la llamada al método *ThrowIfCancellationRequested*.

25. Haz clic en el botón ***Iniciar tarea*** y deja que se muestren unos 3 mensajes.

26. Haz clic en el botón ***Cancelar tarea***.

27. Haz clic en el botón ***Mostrar estatus***. Puedes notar que ahora el estatus es ***Canceled***.

28. Detén la aplicación y vuelve a ejecutarla.

29. Haz clic en el botón **Iniciar tarea** y deja que termine la ejecución de la tarea.

30. Haz clic en el botón **Mostrar estatus**. Se mostrará el estatus **RanToCompletion**.

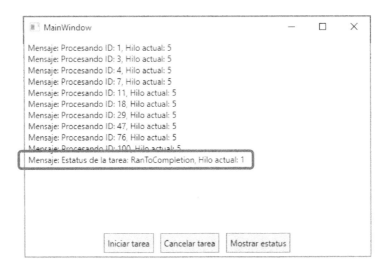

Ahora la tarea principal ya puede determinar por qué retornó el método. Pudo haber retornado en respuesta a una solicitud de cancelación (estatus *Canceled*) o simplemente pudo haber completado su lógica (estatus *RanToCompletion*).

Para que podamos manejar la excepción **TaskCanceledException** en el hilo que lanzó la tarea, debemos esperar a que la tarea finalice. Hacemos esto invocando al método **Task.Wait** dentro de un bloque **try** y atrapamos una excepción **AggregateException** en el bloque *catch* correspondiente.

31. Modifica el código del método **StartTask_Click** para que la tarea **LongRunningTask** se ejecute dentro de otra tarea. La nueva tarea esperará a que **LongRunningTask** termine su ejecución y podrá manejar la excepción *TaskCanceledException*. De esta forma no bloquearemos el hilo de la interfaz de usuario.

```
private void StartTask_Click(object sender, RoutedEventArgs e)
{
```

```
CTS = new CancellationTokenSource();
CT = CTS.Token;

Task.Run(() =>
{
    LongRunningTask = Task.Run(() =>
    {
        DoLongRunningTask(CT);
    }, CT);
});
}
```

32. Agrega el siguiente bloque *try-catch* para poder esperar la ejecución de la tarea y atrapar la excepción **AggregateException**.

```
private void StartTask_Click(object sender, RoutedEventArgs e)
{
    CTS = new CancellationTokenSource();
    CT = CTS.Token;

    Task.Run(() =>
    {
        LongRunningTask = Task.Run(() =>
        {
            DoLongRunningTask(CT);
        }, CT);
        try
        {
            LongRunningTask.Wait();
        }
        catch (AggregateException ae)
        {
        }
    });
}
```

33. Agrega el siguiente código dentro del bloque **catch** para mostrar las excepciones generadas en la tarea **LongRunningTask**.

```
foreach (var Inner in ae.InnerExceptions)
{
    if (Inner is TaskCanceledException)
    {
        AddMessage(
            "Tarea cancelada y TaskCanceledException manejado.");
    }
    else
    {
        // Procesamos excepciones distintas a cancelación.
        AddMessage(Inner.Message);
    }
}
```

34. Presiona las teclas **CTRL-F5** para ejecutar la aplicación sin depuración. Esto te permitirá que Visual Studio no detenga la ejecución al generarse la excepción *OperationCanceledException* generada por la llamada al método *ThrowIfCancellationRequested*.

35. Haz clic en el botón **Iniciar tarea** y deja que se muestren unos 3 mensajes.

36. Haz clic en el botón **Cancelar tarea**. Puedes notar que la excepción **TaskCanceledException** ha sido manejada.

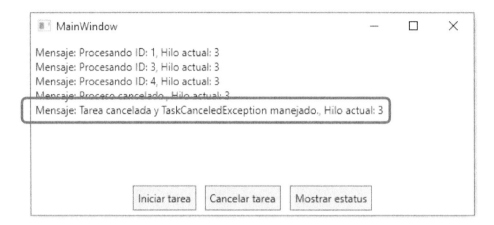

37. Regresa a Visual Studio y detén la ejecución.

Para obtener más información sobre la cancelación de tareas se recomienda consultar el siguiente enlace:

Task Cancellation
https://go.microsoft.com/fwlink/?LinkID=267837

Resumen

En este laboratorio aprendiste a crear y controlar la ejecución de tareas utilizando delegados, métodos anónimos y expresiones lambda. Conociste la forma de crear tareas que devuelven valores y a cancelar la ejecución de tareas de larga duración.

Lección 2
Procesamiento Paralelo

Ejecutar todo el código de una aplicación en un solo hilo no hace un buen uso del poder de procesamiento disponible en la computadora. La mayoría de las máquinas modernas contienen procesadores de múltiples núcleos por lo que, al ejecutar todas las operaciones en un único hilo, utilizaremos un solo núcleo del procesador.

El Microsoft .NET Framework incluye la **Biblioteca de Tareas Paralelas (TPL, Task Parallel Library)**. Esta biblioteca, está formada por un conjunto de clases que facilitan la distribución de la ejecución de nuestro código a través de múltiples hilos. Podemos ejecutar esos hilos en diferentes núcleos del procesador y aprovechar las ventajas del paralelismo que proporciona este modelo. Podemos asignar tareas de larga duración a un hilo independiente y dejar al hilo de la interfaz de usuario libre para responder a las acciones del usuario.

Esta lección se compone de un laboratorio donde aprenderás a utilizar la biblioteca de clases **Task Parallel** para ejecutar tareas en paralelo, enlazar tareas y manejar las excepciones que puedan generarse durante la ejecución de tareas.

Objetivos de la lección

Al finalizar esta lección, los participantes podrán:

- Ejecutar tareas en paralelo.
- Ejecutar iteraciones de ciclo en paralelo.
- Utilizar *Parallel LINQ*.
- Enlazar tareas.
- Manejar excepciones en tareas.

Laboratorio:
Ejecutando tareas en paralelo

Un tema importante relacionado con el manejo de tareas es sin lugar a dudas, la ejecución de tareas en paralelo. La biblioteca **Task Parallel** incluye una clase estática llamada **Parallel**. La clase **Parallel** proporciona diversos métodos que se pueden utilizar para ejecutar tareas simultáneamente.

En este laboratorio, utilizarás la biblioteca de clases **Task Parallel** para a ejecutar tareas en paralelo, enlazar tareas y manejar las excepciones que puedan generarse durante la ejecución de tareas.

Objetivos

Al finalizar este laboratorio, los participantes serán capaces de:

- Ejecutar tareas en paralelo.
- Ejecutar iteraciones de ciclo en paralelo.
- Utilizar *Parallel LINQ*.
- Enlazar tareas.
- Manejar excepciones en tareas.

Requisitos

Para la realización de este laboratorio es necesario contar con lo siguiente:

- Un equipo de desarrollo con Visual Studio. Los pasos descritos en este laboratorio fueron diseñados con Visual Studio Enterprise 2017 sobre una máquina con Windows 10 Pro.

Tiempo estimado para completar este laboratorio: **60 minutos**.

Ejercicio 1: Ejecutando un conjunto de tareas de forma simultánea

En este ejercicio, utilizarás la biblioteca *Task Parallel* para ejecutar tareas en paralelo, ejecutar iteraciones de ciclo en paralelo y utilizar consultas en paralelo con *Parallel LINQ*.

Tarea 1. Crear una aplicación de Consola.

En esta tarea, crearás una aplicación de consola que será utilizada para realizar cada una de las tareas de este laboratorio.

Realiza los siguientes pasos para crear una aplicación de Consola.

8. Abre Visual Studio en el contexto del Administrador.

9. Selecciona la opción *File* > *New* > *Project*.

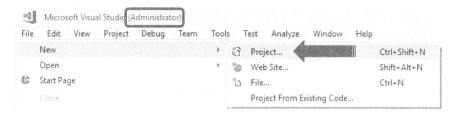

10. En la ventana **New Project** selecciona la plantilla **Console App (.NET Framework)** para crear una nueva aplicación de Consola.

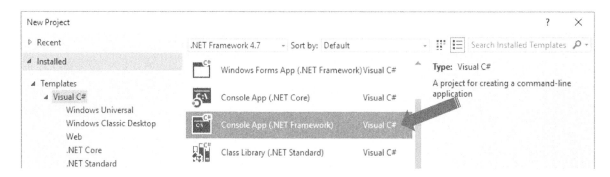

11. Asigna un nombre al proyecto y haz clic en **OK** para crear la solución.

El *Explorador de Soluciones* será similar al siguiente.

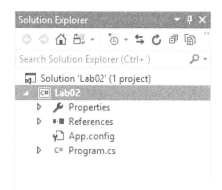

Tarea 2. Ejecutar tareas simultáneas.

La biblioteca *Task Parallel* incluye una clase estática llamada *Parallel* que proporciona diversos métodos que pueden utilizarse para ejecutar tareas simultáneas.

En esta tarea agregarás código a la clase **Program** para ejecutar tareas en paralelo.

8. Haz doble clic sobre el archivo **Program.cs** para abrirlo en el editor de código.

9. Agrega el siguiente código al inicio del archivo para importar el espacio de nombres **System.Threading**.

```
using System.Threading;
```

10. Agrega el siguiente código dentro de la clase **Program** para definir el método **RunParallelTasks**.

```
static void RunParallelTasks()
{

}
```

Para ejecutar un conjunto fijo de tareas en paralelo, podemos utilizar el método **Invoke** de la clase **Parallel**.

11. Agrega el siguiente código dentro del método *RunParallelTasks* para invocar al método **Invoke** de la clase **Parallel**.

```
static void RunParallelTasks()
{
    Parallel.Invoke();
}
```

Una sobrecarga del método *Invoke* recibe como parámetro una serie de objetos ***Action***.

```
static void RunParallelTasks()
{
    Parallel.Invoke();
}
```
▲ 1 of 2 ▼ void Parallel.Invoke(**params** Action[] **actions**)
Executes each of the provided actions, possibly in parallel.
actions: *An array of Action to execute.*

La otra sobrecarga tiene dos parámetros.

```
static void RunParallelTasks()
{
    Parallel.Invoke();
}
```
▲ 2 of 2 ▼ void Parallel.Invoke(ParallelOptions **parallelOptions**, params Action[] actions)
Executes each of the provided actions, possibly in parallel, unless the operation is cancelled by the user.
parallelOptions: *An object that configures the behavior of this operation.*

El primer parámetro permite configurar el comportamiento de la operación y el otro parámetro permite proporcionar la serie de objetos ***Action*** que deseamos ejecutar.

Al invocar a estos métodos, podemos utilizar expresiones lambda para especificar las tareas que queremos ejecutar de forma simultánea.

12. Agrega el siguiente código para especificar 3 tareas que deseamos ejecutar en paralelo.

```
static void RunParallelTasks()
{
    Parallel.Invoke(

        () => { },
        () => { },
        () => { }

        );
}
```

No necesitamos crear explícitamente cada tarea, las tareas son creadas implícitamente a partir de los delegados que proporcionamos al método *Parallel.Invoke*.

13. Agrega el siguiente código a la clase ***Program*** para definir un método que nos permitirá ejemplificar la ejecución de tareas en paralelo.

```
static void WriteToConsole(string message)
```

```
{
    Console.WriteLine($"{message}. {Thread.CurrentThread.ManagedThreadId}");
    Thread.Sleep(5000); // Simular un proceso de larga duración
    Console.WriteLine($"Fin de la tarea {Thread.CurrentThread.ManagedThreadId}");
}
```

14. Modifica el código del método *RunParallelTasks* para hacer que las tareas ejecuten al método *WriteToConsole*.

```
static void RunParallelTasks()
{
    Parallel.Invoke(
        () => { WriteToConsole("Tarea 1"); },
        () => { WriteToConsole("Tarea 2"); },
        () => { WriteToConsole("Tarea 3"); }
        );
}
```

15. Agrega el siguiente código al inicio del método *RunParallelTasks* para indicar el momento en que se invocan las tareas en paralelo.

```
static void RunParallelTasks()
{
    Console.WriteLine(
        $"Thread {Thread.CurrentThread.ManagedThreadId}. Ejecutar tareas en
paralelo");
```

16. Agrega el siguiente código dentro del método *Main* para ejecutar al método *RunParallelTasks*.

```
RunParallelTasks();
Console.Write("Presione <enter> para finalizar.");
Console.ReadLine();
```

17. Ejecuta la aplicación. Podrás notar que el mensaje "**Presione <enter> para finalizar.**" se muestra después de los demás mensajes, esto es, después de que la ejecución de las tareas en paralelo finaliza. El método ***Invoke*** no retorna hasta que todas las tareas hayan finalizado, ya sea de forma normal o por alguna excepción.

```
C:\Demos\Lab02\Lab02\bin\Debug\Lab02.exe

Thread 1. Ejecutar tareas en paralelo
Tarea 1. 1
Tarea 3. 4
Tarea 2. 3
Fin de la tarea 1
Fin de la tarea 4
Fin de la tarea 3
Presione <enter> para finalizar.
```

Puedes notar también que no hay garantía en el orden en que se ejecutan las tareas.

Tarea 3. Ejecutar Iteraciones de Ciclo en Paralelo.

La clase **Parallel** de la biblioteca **Task Parallel**, también proporciona métodos que podemos utilizar para ejecutar iteraciones de ciclos **for** y **foreach** en paralelo. Es importante mencionar que la ejecución de iteraciones de ciclos en paralelo, no puede ser siempre apropiada. Por ejemplo, si deseamos comparar valores secuenciales, debemos ejecutar secuencialmente las iteraciones del ciclo. Sin embargo, si cada iteración del ciclo representa una operación independiente, ejecutar las iteraciones del ciclo en paralelo, nos permitirá maximizar el uso del poder de procesamiento disponible.

En esta tarea examinaremos los beneficios de la ejecución de iteraciones de ciclo en paralelo.

1. Agrega el siguiente código a la clase **Program** para definir un método que nos permita ejemplificar la iteración de ciclo en paralelo.

```
static void ParallelLoopIterate()
{

}
```

Para ejecutar las iteraciones de un ciclo **for** en paralelo, podemos utilizar el método **Parallel.For**. Este método tiene varias sobrecargas para satisfacer a muchos escenarios diferentes. En su forma más simple, el método **Parallel.For** toma tres parámetros:

- Un parámetro **Int32** que representa el índice de inicio de la operación. El valor de este parámetro es el primer valor que se toma para el índice de la iteración.
- Un parámetro **Int32** que representa el índice final de la operación. El ciclo se ejecuta mientas el valor del índice actual sea menor al valor de este parámetro.
- Un delegado **Action<Int32>** que es ejecutado una vez por cada iteración.

2. Agrega el siguiente código dentro del método *ParallelLoopIterate* para calcular el cuadrado de los números 0, 1, 2, 3 y 4. Los resultados obtenidos serán almacenados en un arreglo.

```
static void ParallelLoopIterate()
{
    int[] SquareNumbers = new int[5];
    Parallel.For(0, 5, i =>
    {
        SquareNumbers[i] = i * i;
        Console.WriteLine($"Calculando el cuadrado de {i}");
    });
}
```

3. Modifica el código del método **Main** para ejecutar el método **ParallelLoopIterate**.

```
static void Main(string[] args)
```

```
    {
        //RunParallelTasks();
        ParallelLoopIterate();

        Console.Write("Presione <enter> para finalizar.");
        Console.ReadLine();
    }
```

Ejecuta la aplicación y observa el resultado. Puedes notar que no existe necesariamente un orden de iteración del ciclo. El cuerpo del ciclo es ejecutado simultáneamente por varias tareas.

```
C:\Demos\Lab02\Lab02\bin\Debug\Lab02.exe
Calculando el cuadrado de 0
Calculando el cuadrado de 2
Calculando el cuadrado de 1
Calculando el cuadrado de 4
Calculando el cuadrado de 3
Presione <enter> para finalizar.
```

Para ejecutar las iteraciones del ciclo **_foreach_** en paralelo, podemos utilizar el método **_Parallel.Foreach_**. Al igual que el método **_Parallel.For_**, el método **_Parallel.ForEach_** incluye diferentes sobrecargas. En su forma más simple, el método **_Parallel.ForEach_** toma dos parámetros:

- Una colección **_IEnumerable<TSource>_** sobre la cual deseamos iterar.
- Un delegado **_Action<TSource>_** que es ejecutado una vez por iteración.

4. Agrega el siguiente código al método **_ParallelLoopIterate_** para mostrar los valores del arreglo **_SquareNumbers_**.

```
static void ParallelLoopIterate()
{
    int[] SquareNumbers = new int[5];
    Parallel.For(0, 5, i =>
    {
        SquareNumbers[i] = i * i;
        Console.WriteLine($"Calculando el cuadrado de {i}");
    });

    Parallel.ForEach(SquareNumbers, n =>
    {
        Console.WriteLine(
            $"Cuadrado de {Array.IndexOf(SquareNumbers, n)}: {n}");
    });
}
```

5. Ejecuta la aplicación y observa el resultado. Puedes notar que no hay un orden especifico de cómo se fue iterando sobre los elementos del arreglo. Varias tareas fueron ejecutadas para iterar sobre los elementos del arreglo.

```
C:\Demos\Lab02\Lab02\bin\Debug\Lab02.exe
Calculando el cuadrado de 0
Calculando el cuadrado de 1
Calculando el cuadrado de 3
Calculando el cuadrado de 4
Calculando el cuadrado de 2
Cuadrado de 4: 16
Cuadrado de 0: 0
Cuadrado de 1: 1
Cuadrado de 3: 9
Cuadrado de 2: 4
Presione <enter> para finalizar.
```

 Para obtener más información y ejemplos acerca de la ejecución de las operaciones de datos en paralelo, se recomienda consultar los siguientes enlaces:

Data Parallelism (Task Parallel Library)
http://go.microsoft.com/fwlink/?LinkID=267839

Parallel.For Method (Int32, Int32, Action<Int32>)
http://msdn.microsoft.com/es-mx/library/dd783539%28v=vs.110%29.aspx

Tarea 4. Utilizando Parallel LINQ.

Parallel LINQ (PLINQ) es una implementación de *Language - Integrated Query (Lenguaje Integrado de Consultas (LINQ))* que soporta operaciones en paralelo. En esta tarea examinaremos el uso de *PLINQ*.

1. Agrega una referencia del ensamblado *NorthWind.dll* a la aplicación de consola. El ensamblando *NorthWind.dll* se encuentra adjunto a este documento y contiene datos ficticios que utilizarás para ejemplificar el uso de *PLINQ*. Después de agregar la referencia, el nodo *References* del proyecto será similar al siguiente.

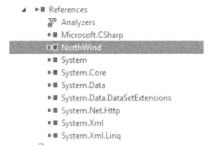

2. Agrega al proyecto consola un nuevo archivo de clase llamado **ProductDTO**.

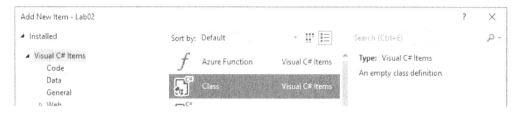

La clase *ProductDTO* nos permitirá almacenar el resultado de una consulta.

3. Modifica la clase **ProductDTO** para agregarle un constructor y unas propiedades.

```
class ProductDTO
{
    public ProductDTO()
    {
        // Simular un proceso de larga duración
        System.Threading.Thread.Sleep(1);
    }
    public int ProductID { get; set; }
    public string ProductName { get; set; }
    public decimal? UnitPrice { get; set; }
    public decimal? UnitsInStock { get; set; }
}
```

4. Agrega el siguiente código dentro de la clase **Program** para definir un método que realice
una consulta *LINQ* para obtener una lista de objetos **ProductDTO** a partir del conjunto de
Productos que expone el ensamblado **NorthWind**.

```
static void RunLINQ()
{
    // Declarar una variable para medir el tiempo de ejecución.
    var S = new System.Diagnostics.Stopwatch();
    S.Start();
    var DTOProducts = NorthWind.Repository.Products.Select(p =>
    new ProductDTO
    {
        ProductID = p.ProductID,
        ProductName = p.ProductName,
        UnitPrice = p.UnitPrice,
        UnitsInStock = p.UnitsInStock
    }).ToList();
    S.Stop();
    Console.WriteLine($"Tiempo de ejecución con LINQ: {S.ElapsedTicks} Ticks");
```

5. Modifica el método **Main** para invocar únicamente al método **RunLINQ**.

```
static void Main(string[] args)
{
    //RunParallelTasks();
    //ParallelLoopIterate();
```

```
RunLINQ();
Console.Write("Presione <enter> para finalizar.");
Console.ReadLine();
}
```

Ejecuta la aplicación y observa el tiempo de ejecución en Ticks de la consulta LINQ. Un **Tick** es un intervalo de 100 nanosegundos equivalente a una diez millonésima de segundo. Cada milisegundo está compuesto por 10,000 ticks.

```
■ C:\Demos\Lab02\Lab02\bin\Debug\Lab02.exe

Tiempo de ejecución con LINQ: 4739524 Ticks
Presione <enter> para finalizar.
```

En la mayoría de los casos, la sintaxis **PLINQ** es idéntica a la sintaxis *LINQ* tradicional. Al escribir una expresión *LINQ*, podemos optar por *PLINQ* invocando al método de extensión **AsParallel** en el origen de datos **IEnumerable**.

6. Agrega el siguiente código dentro de la clase **Program** para definir un método que realice una consulta *PLINQ* para obtener una lista de objetos **ProductDTO** a partir del conjunto de Productos que expone el ensamblado **NorthWind**.

```
static void RunPLINQ()
{
    var S = new System.Diagnostics.Stopwatch();
    S.Start();
    var DTOProducts = NorthWind.Repository.Products.AsParallel().Select(p =>
    new ProductDTO
    {
        ProductID = p.ProductID,
        ProductName = p.ProductName,
        UnitPrice = p.UnitPrice,
        UnitsInStock = p.UnitsInStock
    }).ToList();
    S.Stop();
    Console.WriteLine($"Tiempo de ejecución con PLINQ: {S.ElapsedTicks} Ticks");
}
```

7. Modifica el método **Main** para invocar al método **RunPLINQ**.

```
static void Main(string[] args)
{
    //RunParallelTasks();
    //ParallelLoopIterate();

    RunLINQ();
    RunPLINQ();
    Console.Write("Presione <enter> para finalizar.");
    Console.ReadLine();
}
```

8. Ejecuta la aplicación y observa el resultado.

```
 C:\Demos\Lab02\Lab02\bin\Debug\Lab02.exe
Tiempo de ejecución con LINQ: 4512988 Ticks
Tiempo de ejecución con PLINQ: 763277 Ticks
Presione <enter> para finalizar.
```

Puedes notar que el tiempo de ejecución de la consulta con PLINQ fue mucho menor que el tiempo de ejecución de la consulta con LINQ. En el ejemplo que se muestra en la imagen anterior, la diferencia en Ticks es: 4,512,988 – 763,277 = 3,749,711 ticks. Casi 6 veces más rápido con PLINQ.

 Para obtener más información sobre **PLINQ**, se recomienda consultar el siguiente enlace:

Parallel LINQ (PLINQ)

http://go.microsoft.com/fwlink/?LinkID=267840

Ejercicio 2: Enlazando Tareas

En la programación asíncrona es muy común que cuando una operación asíncrona finalice, una segunda operación sea invocada proporcionándole algún tipo de información. Adicionalmente, una tarea puede desencadenar otras tareas si el trabajo que necesita realizar es también de múltiples hilos por naturaleza.

En este ejercicio exploraremos la forma de enlazar la ejecución de tareas.

Tarea 1. Crear Tareas de Continuación.

Las **Tareas de Continuación (Continuation Task)** permiten encadenar varias tareas juntas para que se ejecuten una tras otra. La tarea que, al finalizar invoca a otra tarea, es conocida como **Antecedente** y la tarea que esta invoca, es conocida como **Continuación**. Podemos pasar datos desde la tarea **Antecedente** hacia la tarea de **Continuación** y podemos controlar la ejecución de la cadena de tareas de varias formas.

En esta tarea ejemplificaremos el uso de las **Tareas de Continuación**.

1. Agrega el siguiente código a la clase **Program** para simular la realización de una operación de larga duración.

```
static List<string> GetProductNames()
{
    // Simular un proceso de larga duración.
    Thread.Sleep(3000);
    return NorthWind.Repository.Products.Select(p => p.ProductName).ToList();
}
```

El método devuelve una lista con los nombres de los productos del repositorio de datos NorthWind.

2. Agrega el siguiente código dentro de la clase **Program** para definir un método que creé una tarea para invocar al método *GetProductNames*.

```
static void RunContinuationTasks()
{
    var FirstTask =
        new Task<List<string>>(GetProductNames);
}
```

Si la tarea termina exitosamente, podríamos requerir que una segunda tarea procese los datos obtenidos o, si la tarea falla, podríamos requerir que una segunda tarea realice algún proceso de recuperación.

3. Agrega el siguiente código a la clase **Program** para definir un segundo proceso que será ejecutado cuando la primera tarea finalice.

```
static int ProcessData(List<string> productNames)
{
    // Simular procesamiento de datos
    foreach(var ProductName in productNames)
    {
        Console.WriteLine(ProductName);
    }
    return productNames.Count;
}
```

Una tarea que se ejecuta solamente cuando haya terminado una tarea anterior es llamada **Continuación**. Este enfoque permite construir una secuencia de operaciones en segundo plano. Las *Tareas de Continuación* (*Continuation Task*) permiten encadenar varias tareas juntas para que se ejecuten una tras otra. La tarea que, al finalizar, invoca a otra tarea, se conoce como el **Antecedente**. La tarea que es invocada por la tarea *Antecedente* se conoce como la **Continuación**.

Podemos pasar datos desde el *Antecedente* hacia la *Continuación* y podemos controlar la ejecución de la cadena de tareas. Para crear una *Continuación* básica, utilizamos el método **Task.ContinueWith**.

4. Agrega el siguiente código en el método *RunContinuationTasks* para definir una segunda tarea que será ejecutada al finalizar la ejecución de la primera tarea.

```
static void RunContinuationTasks()
{
    var FirstTask =
        new Task<List<string>>(GetProductNames);

    var SecondTask = FirstTask.ContinueWith(antecedent =>
    {
        return ProcessData(antecedent.Result);
    });
}
```

Puedes notar que cuando creamos la tarea de *Continuación*, proporcionamos el resultado de la primera tarea como un argumento (*antecedent*) del delegado de la segunda tarea. Utilizamos la primera tarea para recopilar algunos datos y después invocamos la tarea de *Continuación* para procesar los datos. Las *Tareas de Continuación* no necesitan devolver el mismo tipo de resultado que sus tareas antecedentes. En este ejemplo, el resultado de la primera tarea es de tipo **List<string>** mientras que el resultado de la segunda tarea es **int**.

5. Agrega el siguiente código para iniciar la primera tarea y obtener el resultado de la segunda tarea.

```
static void RunContinuationTasks()
{
    var FirstTask =
        new Task<List<string>>(GetProductNames);

    var SecondTask = FirstTask.ContinueWith(antecedent =>
    {
        return ProcessData(antecedent.Result);
    });

    FirstTask.Start();
    Console.WriteLine($"Número de productos procesados: {SecondTask.Result}");
}
```

6. Modifica el código del método **Main** para que invoque al método ***RunContinuationTasks***.

```
static void Main(string[] args)
{
    //RunParallelTasks();
    //ParallelLoopIterate();
    //RunLINQ();
    //RunPLINQ();

    RunContinuationTasks();

    Console.Write("Presione <enter> para finalizar.");
    Console.ReadLine();
}
```

7. Ejecuta la aplicación y observa el resultado. Puedes notar que se muestran los nombres de los productos y el total de nombres procesados.

```
C:\Demos\Lab02\Lab02\bin\Debug\Lab02.exe
Outback Lager
Flotemysost
Mozzarella di Giovanni
Röd Kaviar
Longlife Tofu
Rhönbräu Klosterbier
Lakkalikööri
Original Frankfurter grüne Soße
Número de productos procesados: 77
Presione <enter> para finalizar.
```

Las **Continuaciones** permiten implementar el patrón **Promise**. Esta es una técnica común que muchos ambientes asíncronos utilizan para garantizar que las operaciones se realizan en una secuencia garantizada.

Para más información acerca de las **Tareas de Continuación**, se recomienda consultar el siguiente enlace.

Chaining Tasks by Using Continuation Tasks
http://go.microsoft.com/fwlink/?LinkID=267841

Tarea 2. Crear Tareas Anidadas.

Una tarea anidada es simplemente una tarea que creamos dentro del delegado de otra tarea. Cuando creamos tareas de esta manera, la tarea anidada y la tarea externa son esencialmente independientes. La tarea externa no necesita esperar a que la tarea anidada finalice para poder finalizar también.

En esta tarea ejemplificaremos el uso de las **Tareas Anidadas**.

1. Agrega el siguiente código a la clase **Program** que ejemplifica la creación y ejecución de una tarea anidada.

```
static void RunNestedTasks()
{
    var OuterTask = Task.Factory.StartNew(()=>
    {
        Console.WriteLine("Iniciando la tarea externa...");
        var InnerTask = Task.Factory.StartNew(() =>
        {
            Console.WriteLine("Iniciando tarea anidada...");
            // Simular un proceso de larga duración
            Thread.Sleep(3000);
            Console.WriteLine("Finalizando la tarea anidada...");
        });
    });
    OuterTask.Wait();
    Console.WriteLine("Tarea externa finalizada");
}
```

2. Modifica el código del método **Main** para ejecutar el método **RunNestedTasks**.

```
static void Main(string[] args)
{
    //RunParallelTasks();
    //ParallelLoopIterate();
    //RunLINQ();
    //RunPLINQ();
    // RunContinuationTasks();
```

```
        RunNestedTasks();

        Console.Write("Presione <enter> para finalizar.");
        Console.ReadLine();
    }
```

3. Ejecuta la aplicación y observa el resultado.

```
C:\Demos\Lab02\Lab02\bin\Debug\Lab02.exe
Iniciando la tarea externa...
Iniciando tarea anidada...
Tarea externa finalizada
Presione <enter> para finalizar.Finalizando la tarea anidada...
```

Puedes observar que cuando creamos tareas anidadas, la tarea anidada y la tarea externa son esencialmente independientes. La tarea externa no necesita esperar a que la tarea anidada sea completada para poder finalizar. En este ejemplo, debido al retardo en la tarea anidada, la tarea externa es completada antes de la tarea anidada como lo demuestran los mensajes.

Tarea 3. Crear Tareas Hijas.

La tarea principal (la tarea que dio lugar a la nueva tarea o tarea anidada) puede esperar a que las tareas anidadas sean completadas antes de finalizar ella misma o puede retornar y dejar que las tareas anidadas continúen su ejecución de forma asíncrona. Las tareas que causan que la tarea principal espere, son llamadas *Tareas Hijas* (**Child Tasks**). Una tarea hija es un tipo de *Tarea Anidada*, excepto que especificamos la opción **AttachedToParent** cuando creamos una *Tarea Hija*. En este caso, la *Tarea hija* y la *Tarea Padre* se convierten en tareas estrechamente conectadas. El estatus de la *Tarea Padre* depende del estatus de las *Tareas hijas*. En otras palabras, una *Tarea Principal* no se puede completar hasta que todas sus *Tareas hijas* se hayan completado. La *Tarea Principal* también propaga cualquier excepción que sus *Tareas hijas* lancen.

En esta tarea ejemplificaremos el uso de las ***Tareas Hijas***.

1. Modifica el código del método *RunNestedTasks* para especificar que la tarea anidada es una tarea hija.

```csharp
static void RunNestedTasks()
{
    var OuterTask = Task.Factory.StartNew(()=>
    {
        Console.WriteLine("Iniciando la tarea externa...");
        var InnerTask = Task.Factory.StartNew(() =>
        {
            Console.WriteLine("Iniciando tarea anidada...");
            // Simular un proceso de larga duración
            Thread.Sleep(3000);
```

```
            Console.WriteLine("Finalizando la tarea anidada...");
        }, TaskCreationOptions.AttachedToParent);
    });

    OuterTask.Wait();
    Console.WriteLine("Tarea externa finalizada");
}
```

Notemos que este ejemplo es esencialmente idéntico al ejemplo de *Tarea Anidada*, excepto que, en este caso, la *Tarea hija* es creada mediante la opción **AttachedToParent**. Como resultado, en este caso, la *Tarea padre* esperará a que la *Tarea hija* se complete antes de completarse ella misma.

2. Ejecuta la aplicación y observa el resultado. Puedes notar que la tarea principal esperó a que su tarea hija finalizará antes de finalizar ella misma.

```
C:\Demos\Lab02\Lab02\bin\Debug\Lab02.exe
Iniciando la tarea externa...
Iniciando tarea anidada...
Finalizando la tarea anidada...
Tarea externa finalizada
Presione <enter> para finalizar.
```

Las *Tareas Anidadas* son útiles debido a que nos permiten desglosar operaciones asíncronas en unidades más pequeñas que pueden ser distribuidas a través de los *threads* disponibles. Por el contrario, es más útil utilizar *Tareas padre e hija* cuando necesitemos controlar la sincronización mediante el aseguramiento de que ciertas *Tareas hijas* sean completadas antes de que la *Tarea padre* retorne.

Ejercicio 3: Manejo de excepciones en Tareas

Al igual que en otras aplicaciones, cuando desarrollamos aplicaciones con múltiples hilos, podemos encontrar casos donde se pueden originar excepciones. Las excepciones no controladas que son disparadas por el código que es ejecutado dentro de una tarea son propagadas hacia el hilo que inició dicha tarea.

Una tarea que origina una excepción podría estar enlazada a otras tareas a través de *Tareas Hijas* o de *Continuación*, por lo que múltiples excepciones podrían ser lanzadas. Para asegurarnos de que todas las excepciones se propaguen hacia el hilo de inicio, la biblioteca *Task Parallel* empaqueta el conjunto de excepciones en un objeto **AggregateExeption**.

En este ejercicio exploraremos la forma de manejar excepciones originadas por las tareas.

Tarea 1. Atrapar excepciones de Tareas.

Para capturar las excepciones en el hilo principal, debemos esperar a que la tarea se complete. Hacemos esto invocando al método *Task.Wait* en un bloque *Try* y atrapamos una excepción **AggregateException** en el bloque *catch* correspondiente.

1. Agrega el siguiente código dentro de la clase **Program** para simular un proceso de larga duración que pueda ser cancelado.

    ```csharp
    static void RunLongTask(CancellationToken token)
    {
        for (int i = 0; i < 5; i++)
        {
            // Simular un proceso de larga duración
            Thread.Sleep(2000);
            // Lanzar un OperationCanceledException si se solicita una cancelación
            token.ThrowIfCancellationRequested();
        }
    }
    ```

2. Agrega el siguiente código dentro de la clase **Program** para definir un método que nos permitirá manejar excepciones de tareas.

    ```csharp
    static void HandleTaskExceptions()
    {
    }
    ```

3. Agrega el siguiente código dentro del método *HandleTaskExceptions* para obtener un token que nos permita cancelar una tarea de larga duración.

```
// Obtener un Token de cancelación
var CTS = new CancellationTokenSource();
var CT = CTS.Token;
```

Cuando una tarea genera una excepción, la excepción se propaga hacia el hilo que inició la tarea. El hilo que inicia la tarea que causa la excepción es conocido como *Joining Thread*. Para nuestro ejemplo, el hilo principal de la aplicación lanzará una tarea que disparará una excepción, en consecuencia, el hilo principal de la aplicación será el *Joining Thread*.

4. Agrega el siguiente código dentro del método **HandleTaskExceptions** para crear e iniciar la tarea de larga duración.

```
static void HandleTaskExceptions()
{
    // Obtener un Token de cancelación
    var CTS = new CancellationTokenSource();
    var CT = CTS.Token;

    var LongRunningTask =
        Task.Run(() => RunLongTask(CT), CT);
}
```

La tarea podría estar enlazada a otras tareas a través de *Tareas hijas* o de *Continuación*, por lo que múltiples excepciones podrían ser lanzadas.

Para capturar las excepciones en el *Joining Thread*, debemos esperar a que la tarea finalice. Hacemos esto, invocando al método **Task.Wait** en un bloque **Try**.

5. Agrega el siguiente código dentro del método **HandleTaskExceptions** para esperar a que la tarea finalice su ejecución.

```
try
{
    LongRunningTask.Wait();
}
```

Para asegurarnos de que todas las excepciones se propaguen hacia el hilo de inicio (*Joining Thread*), la biblioteca *Task Parallel* empaqueta el conjunto de excepciones en un objeto **AggregateExeption**, así que debemos atrapar una excepción **AggregateException** en un bloque **catch**.

6. Agrega el siguiente código dentro del método **HandleTaskExceptions** para atrapar la excepción **AggregateException** y la excepción general **System.Exception**.

```
static void HandleTaskExceptions()
{
    // Obtener un Token de cancelación
    var CTS = new CancellationTokenSource();
    var CT = CTS.Token;

    var LongRunningTask =
        Task.Run(() => RunLongTask(CT), CT);

    try
    {
        LongRunningTask.Wait();
    }
    catch(AggregateException ae)
    {

    }
    catch(Exception ex)
    {
        Console.WriteLine($"Excepción: {ex.Message}");
    }
}
```

A través de una colección **InnerExceptions**, el objeto **AggregateException** expone todas las excepciones que se han generado.

Un escenario común de manejo de excepciones es atrapar la excepción **TaskCanceledException** que es disparada cuando cancelamos una tarea.

7. Agrega el siguiente código dentro del bloque **catch(AggregateException ae)** para mostrar los mensajes de las excepciones que se hayan generado.

```
catch(AggregateException ae)
{
    foreach(var Inner in ae.InnerExceptions)
    {
        if(Inner is TaskCanceledException)
        {
            Console.WriteLine("La tarea fue cancelada.");
        }
        else
        {
            // Aquí procesamos las excepciones distintas a la cancelación.
            Console.WriteLine(Inner.Message);
        }
    }
}
```

8. Modifica el código del método **Main** para ejecutar al método **HandleTaskExceptions**.

```
static void Main(string[] args)
```

```
    {
        //RunParallelTasks();
        //ParallelLoopIterate();
        //RunLINQ();
        //RunPLINQ();
        // RunContinuationTasks();
        // RunNestedTasks();
        HandleTaskExceptions();

        Console.Write("Presione <enter> para finalizar.");
        Console.ReadLine();
    }
```

9. Ejecuta la aplicación y examina el resultado. Puedes notar que después de unos 10 segundos, la aplicación finaliza correctamente, sin ninguna excepción.

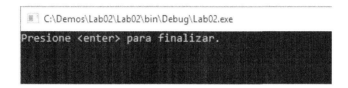

10. Presiona la tecla **Enter** para finalizar la ejecución y regresar a Visual Studio.

11. Agrega la siguiente instrucción dentro del método **HandleTaskExceptions** para cancelar la tarea.

```
    var LongRunningTask =
        Task.Run(() => RunLongTask(CT), CT);

    CTS.Cancel();

    try
    {
        LongRunningTask.Wait();
    }
```

12. Ejecuta la aplicación y examina el resultado. Puedes notar que se genera una **AggregateException** y que se muestra el mensaje indicando que la tarea fue cancelada.

```
C:\Demos\Lab02\Lab02\bin\Debug\Lab02.exe
La tarea fue cancelada.
Presione <enter> para finalizar.
```

Resumen

En este laboratorio aprendiste a utilizar la biblioteca de clases *Task Parallel* para ejecutar tareas en paralelo, enlazar tareas y manejar las excepciones que pueden ser generadas durante la ejecución de tareas.

Lección 3
Realizando operaciones de forma asíncrona

Una operación asíncrona es una operación que se ejecuta en un hilo independiente. El hilo que inicia una operación asíncrona no necesita esperar a que la operación asíncrona finalice antes de que pueda continuar.

Las operaciones asíncronas están estrechamente relacionadas con las *tareas*. El .NET Framework incluye características que facilitan la realización de operaciones asíncronas. Transparentemente, estas operaciones crean nuevas *tareas* y coordinan sus acciones, lo que nos permite concentrarnos en la lógica de negocio de nuestras aplicaciones. En particular, las palabras clave **async** y **await** nos permiten invocar una operación asíncrona y esperar el resultado dentro del mismo método, sin bloquear el hilo.

En esta lección, aprenderemos varias técnicas para invocar y administrar operaciones asíncronas.

Objetivos de la lección

Al finalizar esta lección, los participantes podrán:

- Utilizar el objeto **Dispatcher** para ejecutar código en un hilo específico.
- Utilizar las palabras clave **async** y **await** para ejecutar operaciones asíncronas.
- Crear métodos que sean compatibles con el operador **await.**
- Crear e invocar métodos *Callback*.
- Utilizar la biblioteca *Task Parallel* con implementaciones del *Modelo de Programación Asíncrona (Asynchronous Programming Model – APM -)* tradicional.
- Manejar excepciones lanzadas por operaciones asíncronas.

Utilizando el objeto Dispatcher

En el .NET Framework, cada hilo es asociado con un objeto **Dispatcher**. El *Dispatcher* es responsable de mantener una cola de elementos de trabajo para el hilo. Cuando trabajamos con múltiples hilos, por ejemplo, mediante la ejecución de tareas asíncronas, podemos utilizar el objeto *Dispatcher* para invocar la lógica de un hilo específico. Normalmente necesitamos hacer esto cuando utilizamos operaciones asíncronas en aplicaciones gráficas.

Ejercicio
Utilizando el objeto Dispatcher

Realiza los siguientes pasos para conocer el uso del objeto **Dispatcher**.

1. Crea una aplicación WPF utilizando la plantilla **WPF App (.NET Framework)**.

2. Dentro del archivo **MainWindow.xaml**, remplaza el elemento **<Grid>** por el siguiente código.

```
<StackPanel>
    <Label x:Name="lblResult"/>
    <Button x:Name="btnGetResult"
            Content="Obtener resultado" Click="btnGetResult_Click"/>
</StackPanel>
```

El código anterior simula una aplicación sencilla que consiste de un botón y una etiqueta. Cuando el usuario haga clic en el botón, utilizaremos una tarea para obtener un resultado que será mostrado en la etiqueta.

Si un usuario hace clic en el botón, el manejador del evento **Click** del botón será ejecutado en el hilo de la interfaz de usuario. Si el manejador del evento inicia una tarea asíncrona, esa tarea será ejecutada en un hilo de segundo plano.

3. Agrega el siguiente código dentro de la clase **MainWindow** del archivo **MainWindow.xaml.cs** para definir un método que muestre un mensaje en la etiqueta **lblResult**.

```
private void ShowMessage(string message)
{
    lblResult.Content = message;
}
```

4. Agrega el siguiente código dentro de la clase **MainWindow** para definir el manejador del evento **Click** del botón **btnGetResult**.

```csharp
private void btnGetResult_Click(object sender, RoutedEventArgs e)
{
    Task.Run(() =>
    {
        string Result = "Resultado obtenido";
        ShowMessage(Result);
    });
}
```

En el código anterior, la tarea simplemente asigna un valor a una variable, pero en muchos escenarios, nuestras aplicaciones podrían recuperar datos de un servicio Web o de bases de datos en respuesta a la actividad de la interfaz de usuario.

Después de obtener el resultado, el método *ShowMessage* es invocado para mostrar el resultado.

El hilo que ejecuta la lógica de la tarea no tiene acceso a los controles de la interfaz de usuario debido a que estos son propiedad del hilo principal (el hilo de la interfaz de usuario).

5. Ejecuta la aplicación.

6. Haz clic en el botón **Obtener Resultado**. Puedes notar que se genera una excepción.

```csharp
private void ShowMessage(string message)
{
    lblResult.Content = message;   ⊗
}
```

Exception User-Unhandled   ⚲ ✕

System.InvalidOperationException: 'The calling thread cannot access this object because a different thread owns it.'

View Details   Copy Details
▷ Exception Settings

Puedes notar que obtenemos una excepción **InvalidOperationException**. El mensaje de error nos indica que la tarea no puede acceder al objeto **Label** ya que este es propiedad de un hilo distinto. Esto es debido a que el método **ShowMessage** se está ejecutando en un hilo de segundo plano, pero el objeto **Label** fue creado por el hilo de la interfaz de usuario.

Para actualizar el contenido del objeto *Label*, debemos ejecutar el método *ShowMessage* en el hilo de la interfaz de usuario. Para hacer esto, podemos obtener el objeto *Dispatcher* que está asociado con el objeto *Label*.

7. Modifica el código de la tarea para que sea similar al siguiente.

```
private void btnGetResult_Click(object sender, RoutedEventArgs e)
{
    Task.Run(() =>
    {
        string Result = "Resultado obtenido";
        lblResult.Dispatcher.BeginInvoke(
            new Action(()=>
        ShowMessage(Result)));
    });
}
```

El código anterior obtiene el objeto *Dispatcher* que está asociado con el objeto *lblResult*. Después de obtener el objeto *Dispatcher*, podemos utilizar el método **BeginInvoke** del objeto *Dispatcher* para invocar al método *ShowMessage* en el hilo de la interfaz de usuario.

El método *Dispatcher.BeginInvoke* coloca la lógica que actualiza al objeto *lblResult* en la cola de elementos de trabajo del hilo de la Interfaz de usuario.

8. Ejecuta la aplicación.

9. Haz clic en el botón **Obtener Resultado**. Puedes notar que la etiqueta *lblResult* muestra el mensaje esperado.

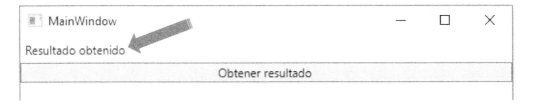

10. Regresa a Visual Studio y detén la ejecución.

El método *BeginInvoke* no acepta un método anónimo como delegado. Nuestro ejemplo utiliza un delegado *Action* para invocar al método *ShowMessage*, sin embargo, podemos utilizar cualquier delegado que cumpla con la firma del método que deseamos invocar.

11. Agrega el siguiente código dentro de la clase MainWindow para definir un tipo delegado.

```
delegate void ShowDelegate(string message);
```

12. Modifica el código de la tarea para utilizar el delegado definido.

```
private void btnGetResult_Click(object sender, RoutedEventArgs e)
{
    Task.Run(() =>
    {
        string Result = "Resultado obtenido";
        lblResult.Dispatcher.BeginInvoke(
            new ShowDelegate(ShowMessage), Result);
    });
}
```

13. Ejecuta la aplicación.

14. Haz clic en el botón **Obtener Resultado**. Puedes notar que la etiqueta *lblResult* muestra el mensaje esperado.

En este ejercicio, mostramos como utilizar el objeto *Dispatcher* para invocar la lógica de un hilo específico.

Utilizando async y await

Otra de las técnicas utilizadas para invocar y administrar operaciones asíncronas es mediante el uso de las palabras clave **async** y **await**.

Ejercicio
Utilizando async y await

Realiza los siguientes pasos para conocer el uso del modificador **async** y el operador **await**.

1. Crea una aplicación WPF utilizando la plantilla **WPF App (.NET Framework)**.

2. Dentro del archivo **MainWindow.xaml**, remplaza el elemento **\<Grid\>** por el siguiente código.

```
<StackPanel>
    <Label x:Name="lblResult"/>
    <Button x:Name="btnGetResult"
            Content="Obtener resultado" Click="btnGetResult_Click"/>
</StackPanel>
```

El código anterior simula una aplicación sencilla que consiste en un botón y una etiqueta. Cuando el usuario haga clic en el botón, utilizaremos una tarea para obtener un resultado que será mostrado en la etiqueta.

Si un usuario hace clic en el botón, el manejador del evento **Click** del botón será ejecutado en el hilo de la interfaz de usuario. Si el manejador del evento inicia una tarea asíncrona, esa tarea será ejecutada en un hilo de segundo plano.

3. Agrega el siguiente código dentro de la clase **MainWindow** para definir el manejador del evento **Click** del botón **btnGetResult**.

```
private void btnGetResult_Click(object sender, RoutedEventArgs e)
{
    lblResult.Content = "Calculando un número aleatorio...";
    Task<int> T = Task.Run<int>(
        () =>
        {
            System.Threading.Thread.Sleep(10000);
            return new Random().Next(5000);
        }
    );
```

```
    lblResult.Content += $"Número obtenido: {T.Result}";
}
```

En el código anterior, cuando el usuario hace clic en el botón, el manejador de eventos invoca una operación de larga duración a través de una tarea **T**. El hilo de la tarea **T** simplemente duerme durante 10 segundos y después devuelve un numero entero aleatorio menor que 5000.

La instrucción ***lblResult.Content = T.Result*** bloquea el hilo de la interfaz de usuario hasta que el resultado de la tarea esté disponible.

En la práctica podríamos querer realizar algún otro proceso tal como hacer una llamada a un servicio web o recuperar información desde una base de datos. Cuando la tarea **T** haya finalizado, el manejador de evento, actualizará la etiqueta *lblResult* con el resultado de la operación.

4. Ejecuta la aplicación y haz clic en el botón **Obtener resultado**. Puedes notar que no se muestra el primer mensaje *"Calculando un número aleatorio..."* debido a que el hilo de la interfaz de usuario se ha congelado. En este ejemplo, la instrucción final en el manejador de evento bloquea el hilo de la interfaz de usuario hasta que el resultado de la tarea esté disponible. Esto significa que la interfaz de usuario quedará congelada completamente y el usuario será incapaz de cambiar el tamaño de la ventana, minimizar la ventana, etc.

Al finalizar la tarea, podrás ver el valor devuelto por la tarea.

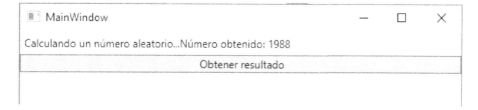

Para permitir que la interfaz de usuario siga respondiendo, podemos convertir el manejador de evento en un método asíncrono.

Las palabras clave ***async*** y ***await*** se introdujeron en el .NET Framework 4.5 para facilitar la realización de operaciones asíncronas. Utilizamos el modificador ***async*** para indicar que un método puede ejecutarse de forma asíncrona.

5. Modifica el código que define al manejador del evento ***Click*** del botón para permitir que pueda ejecutarse de forma asíncrona.

```
private async void btnGetResult_Click(object sender, RoutedEventArgs e)
```

Un método asíncrono se ejecuta síncronamente hasta que encuentra el primer operador *await*. En ese punto, el método es suspendido hasta que la tarea esperada sea completada y mientras tanto, el control regresa al código que invocó al método.

Puedes notar el mensaje que indica que debido a que el método no tiene una expresión con un operador *await*, será ejecutado de forma síncrona.

```
private async void btnGetResult_Click(object sender, RoutedEventArgs e)
{
```
⊕ₐ void MainWindow.**btnGetResult_Click**(object sender, RoutedEventArgs e)

This async method lacks 'await' operators and will run synchronously. Consider using the 'await' operator to await

Show potential fixes (Alt+Enter or Ctrl+.)

Dentro del método *async* utilizamos el operador *await* para indicar los puntos en los cuales la ejecución del método puede ser suspendida mientras esperamos que una operación de larga duración sea completada.

6. Modifica la siguiente línea del método.

```
lblResult.Content += $"Número obtenido: {await T}";
```

Mientras el método es suspendido en un punto *await*, el hilo que invoca al método puede hacer otro trabajo.

A diferencia de otras técnicas de programación asíncrona, las palabras clave *async* y *await* permiten ejecutar la lógica asíncrona en un solo hilo. Esto es particularmente útil cuando queremos ejecutar lógica en el hilo de la interfaz de usuario debido a que permite ejecutar lógica de manera asíncrona en el mismo hilo sin bloquear la interfaz de usuario.

7. Ejecuta la aplicación y haz clic en el botón **Obtener resultado**. Puedes notar que el primer mensaje es mostrado y que puedes mover o cambiar el tamaño de la ventana ya que ahora no está congelada.

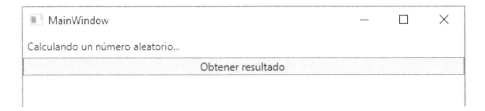

El código actual incluye 2 cambios clave:

*   La declaración del método ahora incluye la palabra clave *async*.
*   Se le ha agregado el operador *await* a la instrucción que bloquea la ejecución.

Nota que cuando utilizamos el operador **await**, no esperamos el resultado de la tarea, esperamos a la tarea misma, esto es, ya no utilizamos la propiedad **Result** del hilo. Cuando el motor de ejecución de .NET ejecuta un método **async**, realmente no espera el resultado de la instrucción **await**. El método retorna a su invocador y el hilo es libre para realizar otro trabajo. Cuando el resultado de la tarea se encuentra disponible, el motor de ejecución regresa al método y continua la ejecución a partir de la instrucción **await**.

8. Agrega las siguientes instrucciones al inicio del archivo **MainWindow.xaml.cs** para importar los espacios de nombres de las clases **Debug** y **Thread** respectivamente.

```
using System.Diagnostics;
using System.Threading;
```

9. Modifica el código del método para mostrar los identificadores de las tareas.

```csharp
private async void btnGetResult_Click(object sender, RoutedEventArgs e)
{
    lblResult.Content = "Calculando un número aleatorio...";
    Debug.WriteLine(
        $"Hilo que lanza la tarea: {Thread.CurrentThread.ManagedThreadId}");
    Task<int> T = Task.Run<int>(
    () =>
    {
        Debug.WriteLine(
        $"Hilo que ejecuta la tarea: {Thread.CurrentThread.ManagedThreadId}");
            Thread.Sleep(10000);
            return new Random().Next(5000);
    }
    );
    Debug.WriteLine(
        $"Hilo antes del await: {Thread.CurrentThread.ManagedThreadId}");
    lblResult.Content += $"Número obtenido: {await T}";
    Debug.WriteLine(
        $"Hilo después del await: {Thread.CurrentThread.ManagedThreadId}");
}
```

10. Ejecuta la aplicación y haz clic en el botón **Obtener resultado**. Puedes notar que la tarea de larga duración es ejecutada en otro hilo y después el hilo principal regresa cuando el resultado está disponible para seguir ejecutando las instrucciones del método asíncrono a partir de la instrucción **await**.

```
Output
Show output from:  Debug
 Hilo que lanza la tarea: 1
 Hilo antes del await: 1
 Hilo que ejecuta la tarea: 5
 Hilo después del await: 1
```

En este ejercicio, mostramos el uso de las palabras clave **async** y **await** para facilitar la realización de operaciones asíncronas.

 Para obtener más información sobre el uso de **async** y **await** se recomienda consultar el siguiente enlace:

Asynchronous programming with async and await (C#)
https://docs.microsoft.com/en-us/dotnet/csharp/programming-guide/concepts/async/index

Creando métodos Esperables (Awaitable Methods)

Un **Método Esperable (Awaitable Method)** es aquel que permite ser ejecutado de forma asíncrona y esperar a que finalice su ejecución sin bloquear el hilo que lo invoca.

Ejercicio
Creando métodos Esperables (Awaitable Methods)

Realiza los siguientes pasos para conocer la forma de crear **Métodos Esperables**.

1. Crea una aplicación WPF utilizando la plantilla **WPF App (.NET Framework)**.

2. Dentro del archivo **MainWindow.xaml**, remplaza el elemento **<Grid>** por el siguiente código.

```
<StackPanel>
    <Label x:Name="lblResult"/>
    <Button x:Name="btnGetResult"
            Content="Obtener resultado" Click="btnGetResult_Click"/>
</StackPanel>
```

El código anterior simula una aplicación sencilla que consiste en un botón y una etiqueta.

Si un usuario hace clic en el botón, el método **btnGetResult_Click** será ejecutado en el hilo de la interfaz de usuario.

3. Agrega la siguiente instrucción al inicio del archivo **MainWindow.xaml.cs** para importar el espacio de nombre de la clase **Thread**.

```
using System.Threading;
```

4. Agrega el siguiente código en la clase **MainWindow** para simular un método que obtiene de una base de datos el nombre de un producto a partir de su ID.

```
string GetProductName(int ID)
{
    // Simulamos un proceso de larga duración
    Thread.Sleep(10000);
    return "Chai";
}
```

5. Agrega el siguiente código dentro de la clase **MainWindow** para definir el manejador del evento **Click** del botón **btnGetResult**.

```
private void btnGetResult_Click(object sender, RoutedEventArgs e)
{
    lblResult.Content = "Obtener el nombre del producto...";
    var ProductName = GetProductName(1);
    lblResult.Content += Environment.NewLine + ProductName;
}
```

El código anterior hace un llamado al método GetProductname para obtener el nombre del producto con ID = 1.

6. Ejecuta la aplicación y haz clic en el botón **Obtener resultado**. Puedes notar que la aplicación se ejecuta de manera síncrona. El hilo principal se queda congelado hasta que la ejecución del método finalice para poder continuar, esto lo puedes notar si durante ese tiempo intentas mover o cambiar el tamaño de la ventana.

Al finalizar la ejecución del método, el resultado es mostrado.

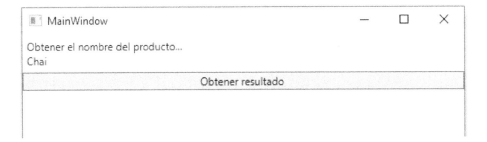

7. Agrega el modificador **async** al método **btnGetResult_Click** para permitir que pueda ser ejecutado de forma asíncrona.

```
private async void btnGetResult_Click(object sender, RoutedEventArgs e)
```

8. Agrega el operador **await** en la línea de código que invoca al método que obtiene el nombre del producto. El operador **await** es utilizado para esperar a que una instancia de la clase *Task* haya terminado su ejecución sin bloquear el hilo que la inicia.

```
private async void btnGetResult_Click(object sender, RoutedEventArgs e)
{
    lblResult.Content = "Obtener el nombre del producto...";
    var ProductName = await GetProductName(1);
    lblResult.Content += Environment.NewLine + ProductName;
}
```

Puedes notar ahora el mensaje de error que indica que el tipo **string** devuelto por el método **GetProductName** no contiene una definición de **GetAwaiter**.

```
var ProductName = await GetProductName(1);
```
'string' does not contain a definition for 'GetAwaiter' and

El operador *await* espera un tipo de dato que pueda ser *"Esperable" ("Awaitable")*. Un tipo de dato *"Awaitable"* expone un método **GetAwaiter** que devuelve un *"awaiter"* válido que es utilizado para esperar la ejecución de una tarea. Los tipos de datos *awaitables* comúnmente utilizados son **Task** y **Task<Tresult>**.

Normalmente, si deseamos crear un método asíncrono que podamos esperar a que termine su ejecución utilizando el operador **await**, el método debe devolver un objeto **Task** o **Task<TResult>**.

Cuando convertimos un método síncrono a un método asíncrono, debemos seguir la siguiente guía:

- Agregar el modificador **async** a la declaración del método.
- Cambiar el tipo de resultado devuelto:
    - Si el método síncrono no devuelve un valor, al convertirlo en asíncrono debe devolver un objeto **Task**.
    - Si el método síncrono devuelve un valor **T**, al convertirlo en asíncrono debe devolver un objeto **Task<T>**.
- Modificar la lógica del método para utilizar el operador **await** con cualquier operación de larga duración.

En nuestro caso el método síncrono **GetProductName**, devuelve un tipo **string**, por lo tanto, siguiendo la guía, para convertirlo en un método asíncrono *"esperable"*, debemos cambiar el tipo de retorno **string** por **Task<string>**.

9. Agrega el modificador **async** a la declaración del método **GetProductName** y cambia el valor devuelto **string** por **Task<string>**.

```
async Task<string> GetProductName(int ID)
```

10. Modifica la lógica del método para utilizar el operador **await** con una tarea que ejecute la operación de larga duración.

```
async Task<string> GetProductName(int ID)
{
    string Result = await Task.Run<string>(() =>
    {
        // Simulamos un proceso de larga duración
        Thread.Sleep(10000);
        return "Chai";
    });
```

```
        return Result;
    }
```

Puedes notar que la instrucción ***await GetProductName(1)*** ahora ya no muestra el error. Tenemos ahora un método asíncrono "esperable".

11. Ejecuta la aplicación y haz clic en el botón ***Obtener resultado***. Puedes notar que la aplicación se ejecuta de manera asíncrona. El hilo principal ya no se queda congelado debido a que ya no espera que la ejecución del método finalice para poder continuar, esto lo puedes notar si durante ese tiempo intentas mover o cambiar el tamaño de la ventana, ahora ya es posible.

    Al finalizar la ejecución del método, el resultado es mostrado.

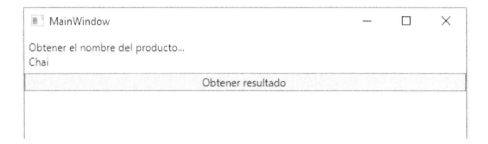

    De la misma forma en que podemos tener métodos síncronos que devuelven un tipo de dato, también es posible tener métodos síncronos que no devuelvan algún valor y que podríamos querer convertirlos en métodos asíncronos *esperables*. Veamos un ejemplo de esto.

12. Agrega el siguiente código para definir un método que busca un nombre de producto y lo muestra en la etiqueta ***lblResult***.

```
void ShowName(int ID)
{
    // Simulamos un proceso de larga duración
    Thread.Sleep(10000);
    string ProductName = "Chang";

    lblResult.Content += ProductName;
}
```

    Un método asíncrono puede devolver ***void***, sin embargo, normalmente esto sólo es usado por los manejadores de eventos. Siempre que sea posible, debemos devolver un objeto ***Task*** para permitir a los invocadores utilizar el operador ***await*** con el método.

13. Agrega el siguiente código al final del método ***btnGetResult_Click***. En nuestro caso, esa sería la forma para invocar al método ***ShowName*** una vez que lo hayamos convertido en un método asíncrono *esperable*.

```csharp
private async void btnGetResult_Click(object sender, RoutedEventArgs e)
{
    lblResult.Content = "Obtener el nombre del producto...";
    var ProductName = await GetProductName(1);
    lblResult.Content += Environment.NewLine + ProductName;
    await ShowName(2);
}
```

Si un método síncrono devuelve **void** (en otras palabras, no devuelve un valor) como en nuestro ejemplo, para convertirlo en un método asíncrono *esperable*, debemos agregar el modificador **async** a la declaración del método, cambiar el tipo de retorno **void** por **Task** y modificar la lógica del método para utilizar el operador **await** con cualquiera de las operaciones de larga duración.

14. Modifica el método **ShowName** para convertirlo en un método asíncrono *esperable*.

```csharp
async Task ShowName(int ID)
{
    string ProductName = await Task.Run<string>(() =>
    {
        // Simulamos un proceso de larga duración
        Thread.Sleep(10000);
        return "Chang";
    });

    lblResult.Content += Environment.NewLine + ProductName;
}
```

15. Ejecuta la aplicación y haz clic en el botón **Obtener resultado**. Puedes notar que la aplicación se ejecuta de manera asíncrona. El hilo principal no se queda congelado mientras se obtienen los resultados, esto lo puedes probar si durante ese tiempo intentas mover o cambiar el tamaño de la ventana y notas que es posible.

Al finalizar la ejecución del método, el resultado es mostrado.

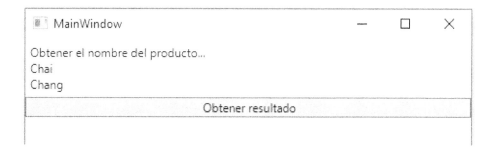

En este ejercicio, mostramos la forma de crear métodos **esperables (awaitables)**.

 Para obtener más información sobre cómo devolver valores en métodos asíncronos, se recomienda consultar el siguiente enlace:

Async Return Types (C#)
https://docs.microsoft.com/en-us/dotnet/csharp/programming-guide/concepts/async/async-return-types

 Para obtener más información sobre cómo implementar tipos *Awaitables*, se recomienda consultar el siguiente enlace:

await anything;
https://blogs.msdn.microsoft.com/pfxteam/2011/01/13/await-anything/

Creando e Invocando Métodos Callback

Si deseamos ejecutar algún tipo de lógica cuando un método asíncrono finalice su ejecución, podemos configurar al método asíncrono para que invoque a un método que contenga la lógica que deseamos ejecutar. El método invocado es conocido como *Método Callback*. Tradicionalmente el método asíncrono proporciona datos al método *Callback* para que este los procese. En una aplicación gráfica, el método *Callback* podría actualizar la interfaz de usuario con los datos procesados.

Ejercicio
Creando e Invocando Métodos Callback

Realiza los siguientes pasos para conocer la forma de crear e invocar *Métodos Callback*.

1. Crea una aplicación WPF utilizando la plantilla **WPF App (.NET Framework)**.

2. Dentro del archivo **MainWindow.xaml**, remplaza el elemento **<Grid>** por el siguiente código.

    ```
    <StackPanel>
        <Button x:Name="GetProducts" Content="Buscar productos" Width="100"
                Click="GetProducts_Click"/>
        <ListBox x:Name="Products" Width="100" />
    </StackPanel>
    ```

    Deseamos que cuando el usuario haga clic en el botón, el manejador de evento invoque un método asíncrono que recupere una lista de productos y los muestre en el control **ListBox**.

3. Agrega la siguiente instrucción al inicio del archivo **MainWindow.xaml.cs** para importar el espacio de nombre de la clase **Thread**.

    ```
    using System.Threading;
    ```

4. Agrega el siguiente código en la clase **MainWindow** para definir un método asíncrono que simule un proceso de larga duración que obtiene una lista con nombres de productos.

    ```
    async Task GetAllProducts()
    {
        var Products = await Task.Run(() =>
        {
            Thread.Sleep(5000);
    ```

```
        return new List<string>
        {
            "Azucar", "Café", "Leche", "Frijol", "Queso", "Azucar", "Frijol"
        };
    });
}
```

Como puedes notar, la lista de productos puede contener elementos repetidos así que cuando la recuperación asíncrona de los datos haya finalizado, queremos que sea invocado un segundo método *(método Callback)* que elimine los elementos duplicados del resultado y que muestre el resultado actualizado de la lista de productos.

5. Agrega el siguiente código a la clase **MainWindow** para definir un método *Callback* que elimine duplicados de una lista con nombres de productos y los asigne al control *ListBox*.

```
void RemoveDuplicates(List<string> products)
{
    var UniqueProducts = products.Distinct();
    Products.Dispatcher.Invoke(() =>
    {
        Products.ItemsSource = UniqueProducts;
    });
}
```

Para que un método asíncrono (por ejemplo, *GetAllProducts*) pueda invocar a un método *Callback*, podemos incluirle como parámetro un tipo *delegate* donde podamos proporcionar el método *Callback*.

Un método *Callback* típicamente acepta uno o más argumentos y no devuelve un valor, como el caso del método *Callback RemoveDuplicates*.

La firma de los métodos *Callback*, hace que el delegado genérico **Action<T>** sea una buena opción para representar un método *Callback* donde **T** es el tipo del parámetro del método *Callback*.

6. Modifica la definición del método asíncrono *GetAllproducts* para que acepte un tipo *delegate* como parámetro donde podamos proporcionarle el método *Callback*.

```
async Task GetAllProducts(Action<List<string>> callBack)
```

En este ejemplo, el método *Callback* únicamente recibe un parámetro que es una lista de **string** y no devuelve valor. Si el método *Callback* requiriera múltiples argumentos, existen versiones del delegado **Action** que aceptan hasta 16 parámetros de tipos.

El método asíncrono puede pasar los datos al método *Callback* para que este los procese.

7. Agrega el siguiente código al final del método **GetAllProducts** para invocar al método *Callback* de forma asíncrona.

```
await Task.Run(() => callBack(Products));
```

Cuando invoquemos al método asíncrono, podremos proporcionarle el nombre del método *Callback* como un argumento.

8. Modifica el código del método **GetProducts_Click** para que pueda ser ejecutado de forma asíncrona e invoque al método **GetAllProducts** pasándole como argumento el nombre del método *Callback*.

```
private async void GetProducts_Click(object sender, RoutedEventArgs e)
{
    await GetAllProducts(RemoveDuplicates);
}
```

9. Ejecuta la aplicación y haz clic en el botón **Buscar productos**. Puedes notar que el resultado es mostrado y no contiene nombres de productos duplicados.

En este ejercicio, mostramos la forma de crear e invocar métodos **Callback**.

Trabajando con Operaciones APM

Muchas de las clases del .NET Framework que soportan operaciones asíncronas realizan estas operaciones mediante la implementación de un patrón de diseño conocido como **Modelo de Programación Asíncrona** o simplemente **APM** por sus siglas en inglés (**Asynchronous Programming Model**).

El patrón **APM** es implementado típicamente como 2 métodos: un método **Begin**NombreDeLaOperación que inicia la operación asíncrona y un método **End**NombreDeLaOperación que proporciona el resultado de la operación asíncrona.

Normalmente, invocamos al método **End**NombreDeLaOperación dentro del método *Callback*.

Ejercicio
Trabajando con Operaciones APM

Realiza los siguientes pasos para conocer la forma de trabajar con operaciones **APM**.

1. Crea una aplicación WPF utilizando la plantilla **WPF App (.NET Framework)**.

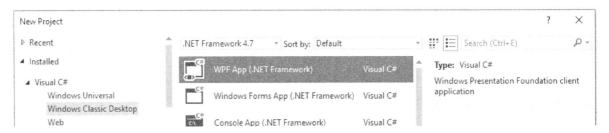

Consideremos una aplicación que verifica los URLs que el usuario proporciona. La aplicación consistirá en un cuadro de texto, un botón de comandos y una etiqueta.

2. Dentro del archivo **MainWindow.xaml**, remplaza el elemento **<Grid>** por el siguiente código.

```
<StackPanel >
    <TextBox x:Name="URLToValidate" Height="38"/>
    <Button x:Name="ValidateURL" Content="Validar URL"
            Width="100" Height="38" Click="ValidateURL_Click"/>
    <Label x:Name="Result" Height="38" />
</StackPanel>
```

El usuario podrá proporcionar un URL en el cuadro de texto y después podrá hacer clic en el botón. El manejador del evento clic del botón, enviará una petición web asíncrona al URL y posteriormente mostrará en la etiqueta el código de estatus de la respuesta.

Para nuestro ejemplo, podemos utilizar la clase **HttpWebRequest** para validar un URL.

3. Agrega la siguiente instrucción al inicio del archivo **MainWindow.xaml.cs** para importar el espacio de nombre de la clase **HttpWebRequest**.

```
using System.Net;
```

4. Agrega el siguiente código en la clase **MainWindow** para definir el manejador del evento **Click** del botón **ValidateURL**. Este código crea una instancia **WebRequest** para el esquema URI especificado.

```
private void ValidateURL_Click(object sender, RoutedEventArgs e)
{
    try
    {
        HttpWebRequest Request =
            (HttpWebRequest)WebRequest.Create(URLToValidate.Text);
    }
    catch(Exception ex)
    {
        Result.Content = ex.Message;
    }
}
```

El patrón *APM* es implementado típicamente como 2 métodos: un método **Begin**NombreDeLaOperación que inicia la operación asíncrona y un método **End**NombreDeLaOperación que proporciona el resultado de la operación asíncrona.

La clase **HttpWebRequest** incluye métodos llamados **BeginGetResponse** y **EndGetResponse**. El método **BeginGetResponse** envía una solicitud asíncrona a un recurso de la intranet o de internet y el método **EndGetResponse** devuelve la respuesta que el recurso proporciona.

El método **Begin**NombreDeLaOperación recibe como parámetro un delegado **AsyncCallback** que hace referencia a un método que será invocado cuando la operación asíncrona correspondiente se haya completado.

El método **Begin**NombreDeLaOperación recibe también un parámetro **object** de estado, útil para procesar la respuesta de la operación asíncrona.

Las clases que implementan el patrón **APM** utilizan una instancia **IAsyncResult** para representar el estatus de la operación asíncrona. El método **Begin**NombreDeLaOperación devuelve un objeto **IAsyncResult**.

5. Agrega el siguiente código dentro del método **ValidateURL_Click** para iniciar una petición asíncrona a un recurso de la intranet o de internet.

```
HttpWebRequest Request =
    (HttpWebRequest)WebRequest.Create(URLToValidate.Text);
IAsyncResult Result =
    Request.BeginGetResponse(GetResponse, Request);
```

El código anterior indica que el método ***GetResponse*** (no implementado aún) será invocado cuando la operación asíncrona se haya completado. Puedes notar también que el objeto ***Request*** es proporcionado para que se pueda procesar la respuesta de la operación asíncrona.

6. Agrega el siguiente código para definir el método *Callback* ***GetResponse***. El método *Callback* recibe un parámetro ***IAsyncResult*** que nos permite procesar el resultado de la operación asíncrona.

```
private void GetResponse(IAsyncResult result)
{
    // Recuperamos el objeto Request proporcionado como argumento en la
    // llamada al método Request.BeginGetResponse.
    HttpWebRequest Request = (HttpWebRequest)result.AsyncState;
    // Con el objeto Request podemos obtener el resultado de la petición.
    HttpWebResponse Response =
        (HttpWebResponse)Request.EndGetResponse(result);
    Result.Dispatcher.Invoke(() =>
    {
        Result.Content =
            $"Estatus devuelto: {Response.StatusCode}";
    });
}
```

Podemos probar ahora el manejo de operaciones de clases que implementan el patrón de diseño ***APM***.

7. Ejecuta la aplicación.

8. Escribe un URL existente dentro del cuadro de texto, por ejemplo, ***https://ticapacitacion.com***.

9. Haz clic en el botón ***Validar URL***. Podrás ver el resultado ***OK***.

10. Escribe un URL ***no*** existente dentro del cuadro de texto, por ejemplo, ***https://ticapacitacion.com2***

11. Haz clic en el botón ***Validar URL***. Podrás ver el resultado indicando que el nombre no puede ser resuelto.

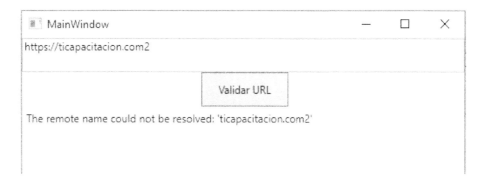

La biblioteca **Task Parallel** facilita trabajar con las clases que implementan el patrón **APM**. En lugar de implementar un método *Callback* para invocar al método **End***NombreDeLaOperación* como en el caso del método *GetResponse* que implementamos anteriormente, podemos utilizar el método **TaskFactory.FromAsync** para invocar la operación asíncronamente y devolver el resultado en una sola instrucción.

12. Modifica la declaración del manejador de evento para que pueda ejecutarse de forma asíncrona.

```
private async void ValidateURL_Click(object sender, RoutedEventArgs e)
```

13. Modifica el bloque **try** para utilizar el método **FromAsync** para invocar la operación asíncronamente y devolver la respuesta de la petición web.

```
try
{
    HttpWebRequest Request =
        (HttpWebRequest)WebRequest.Create(URLToValidate.Text);
    HttpWebResponse Response =
        await Task<WebResponse>.Factory.FromAsync(
            Request.BeginGetResponse,
            Request.EndGetResponse, Request) as HttpWebResponse;
}
```

El método **FromAsync** incluye varias sobrecargas para soportar los métodos *APM* que requieren un número variable de argumentos.

En lugar de que implementemos un método *Callback* para procesar la respuesta, podemos utilizar el método **FromAsync** para realizar la operación completa.

14. Elimina el método **GetResponse**.

15. Agrega el siguiente código dentro del bloque **try** para mostrar el resultado de la petición en la etiqueta **Result**.

```
try
{
    HttpWebRequest Request =
        (HttpWebRequest)WebRequest.Create(URLToValidate.Text);
    HttpWebResponse Response =
        await Task<WebResponse>.Factory.FromAsync(
            Request.BeginGetResponse,
            Request.EndGetResponse, Request) as HttpWebResponse;

    Result.Content = $"Estatus devuelto: {Response.StatusCode}";
```

Puedes notar que ahora el código es más simple y conciso.

16. Ejecuta la aplicación.

17. Escribe un URL existente dentro del cuadro de texto, por ejemplo,
https://ticapacitacion.com.

18. Haz clic en el botón ***Validar URL***. Podrás ver el resultado ***OK***.

19. Escribe un URL ***no*** existente dentro del cuadro de texto, por ejemplo,
https://ticapacitacion.com2

20. Haz clic en el botón ***Validar URL***. Podrás ver el resultado indicando que el nombre no puede
ser resuelto.

La aplicación funciona como era esperado.

En este ejercicio, mostramos la forma de trabajar con operaciones **APM** utilizando **Task Parallel Library** que facilita trabajar con las clases que implementan el patrón de diseño **APM**.

 Para obtener más información sobre el uso de la biblioteca *Task Parallel* con patrones *APM*, se recomienda consultar el siguiente enlace:

TPL and Traditional .NET Framework Asynchronous Programming
http://go.microsoft.com/fwlink/?LinkID=267847

Manejando Excepciones de Métodos Esperables

Cuando realizamos operaciones asíncronas con las palabras clave **async** y **await**, podemos manejar las excepciones de la misma forma en que manejamos las excepciones de código síncrono mediante el uso de bloques **try/catch**.

Ejercicio
Manejando Excepciones de Métodos Esperables

Realiza los siguientes pasos para conocer la forma de manejar excepciones de *métodos esperables*.

1. Crea una aplicación WPF utilizando la plantilla **WPF App (.NET Framework)**.

Consideremos una aplicación que nos permita mostrar el contenido de un sitio Web.

2. Dentro del archivo **MainWindow.xaml**, remplaza el elemento **<Grid>** por el siguiente código.

```
<Grid>
    <Grid.RowDefinitions>
        <RowDefinition Height="auto"/>
        <RowDefinition Height="*"/>
    </Grid.RowDefinitions>
    <Button x:Name="GetContent" Content="Obtener contenido Web"
            Click="GetContent_Click"/>
    <Label x:Name="WebContent" Grid.Row="1"/>
</Grid>
```

Para realizar la petición web, en el manejador del evento *Click* del botón podríamos invocar al método asíncrono **WebClient.DownloadStringTaskAsync** utilizando el operador **await**.

3. Agrega la siguiente instrucción al inicio del archivo **MainWindow.xaml.cs** para importar el espacio de nombre de la clase **WebClient**.

```
using System.Net;
```

4. Agrega el siguiente código en la clase **MainWindow** para definir el manejador del evento **Click** del botón **GetContent**. Este código crea una instancia **WebClient** para realizar una petición web y mostrar el resultado obtenido en el control **WebContent**. Si el URL proporcionado en el código no es válido, el método lanzará una excepción **WebException**

que será atrapada en el bloque **catch** y el mensaje de la excepción será mostrado en el control *WebContent*.

```csharp
private async void GetContent_Click(object sender, RoutedEventArgs e)
{
    using (WebClient Client = new WebClient())
    {
        try
        {
            WebContent.Content =
                await Client.DownloadStringTaskAsync(
                    "https://ticapacitacion.com2");
        }
        catch(WebException ex)
        {
            WebContent.Content = ex.Message;
        }
    }
}
```

En este ejemplo de código se muestra la forma de atrapar una excepción generada dentro de un método *esperable (awaitable)*. Aunque la operación es asíncrona, se devuelve el control al método *GetContent_Click* cuando la operación asíncrona es completada y la excepción es manejada correctamente. Esto funciona porque detrás de escenas, la biblioteca *Task Parallel* captura las excepciones asíncronas y vuelve a lanzarlas en el hilo de la interfaz de usuario.

5. Ejecuta la aplicación.

6. Haz clic en el botón **Obtener contenido Web**. Puedes notar que debido a que el URL no es válido, la excepción es atrapada y el mensaje es mostrado en la pantalla.

Excepciones no Observadas

Cuando una tarea genera una excepción, solo podemos manejar la excepción cuando el hilo que inicia la tarea (*joining thread*) accede a la tarea, por ejemplo, mediante el uso del operador **await** o mediante el llamado al método **Task.Wait**. Si el *joining thread* nunca accede a la tarea, la excepción permanecerá como no observada. Cuando el recolector de basura (*GC*) del .NET Framework detecta que una tarea ya no es requerida, el planificador de tareas lanzará una excepción si alguna excepción de la tarea permanece como no observada. De manera predeterminada, esta excepción es ignorada,

sin embargo, podemos implementar un controlador de excepciones de último recurso mediante la suscripción al evento ***TaskScheduler.UnobservedTaskException***. En el manejador de excepciones, podemos establecer el estatus de la excepción a ***Observed*** para evitar que sea propagada.

7. Agrega el siguiente código dentro del constructor de la clase ***MainWindow*** para realizar una suscripción al evento ***UnobservedTaskException*** del objeto ***TaskScheduler***.

```csharp
public MainWindow()
{
    InitializeComponent();
    TaskScheduler.UnobservedTaskException +=
        TaskScheduler_UnobservedTaskException;
}
```

8. Agrega el siguiente código dentro de la clase ***MainWindow*** para definir el manejador del evento ***UnobservedTaskException***. Observa que en el manejador de excepciones establecemos el estatus de la excepción a ***Observed*** para evitar que se propague.

```csharp
private void TaskScheduler_UnobservedTaskException(
    object sender, UnobservedTaskExceptionEventArgs e)
{
    // Obtenemos las excepciones de la tarea
    var UnobservedExceptions = e.Exception.InnerExceptions;
    // Mostramos los mensajes de las excepciones
    foreach (var ex in UnobservedExceptions)
    {
        WebContent.Dispatcher.Invoke(()=>
        WebContent.Content +=
            $"{ex.Message}{Environment.NewLine}");
    }
    // Establecemos la excepción a Observed para que no se propague.
    e.SetObserved();
}
```

Para ejemplificar, podemos ahora lanzar una tarea que dispare una excepción no observada.

9. Modifica el método ***GetContent_Click*** para que se ejecute de forma síncrona y lance una tarea que dispare una excepción no observada (el código no maneja la excepción).

```csharp
private void GetContent_Click(object sender, RoutedEventArgs e)
{
    Task.Run(async () =>
    {
        using (WebClient Client = new WebClient())
        {
            string Content =
            await Client.DownloadStringTaskAsync(
                "https://ticapacitacion.com2");
            WebContent.Dispatcher.Invoke(() =>
            {
                WebContent.Content = Content;
            });
```

```
        }
    });
    // Con fines de prueba:
    // Damos tiempo a que se ejecute la tarea.
    System.Threading.Thread.Sleep(3000);
    // Forzamos la recolección de basura.
    GC.WaitForPendingFinalizers();
    GC.Collect();
}
```

10. Ejecuta la aplicación.

11. Haz clic en el botón ***Obtener contenido Web***. Puedes notar que la excepción no observada (no manejada) es procesada en el manejador del evento ***TaskScheduler.UnobservedTaskException*** y el mensaje es mostrado en el control ***WebContent***.

12. Regresa a Visual Studio y detén la ejecución.

13. Proporciona un URL válido por ejemplo
https://ticapacitacion.com/webapi/northwind/products.

```
using (WebClient Client = new WebClient())
{
    string Content =
    await Client.DownloadStringTaskAsync(
        "https://ticapacitacion.com/webapi/northwind/products");
    WebContent.Dispatcher.Invoke(() =>
    {
        WebContent.Content = Content;
    });
}
```

14. Ejecuta la aplicación.

15. Haz clic en el botón ***Obtener contenido Web***. Puedes notar que se muestra la información correcta del URL válido.

16. Regresa a Visual Studio y detén la ejecución.

17. Proporciona nuevamente un URL no válido por ejemplo https://ticapacitacion.com2.

```
using (WebClient Client = new WebClient())
{
    string Content =
    await Client.DownloadStringTaskAsync(
        "https://ticapacitacion.com2");
    WebContent.Dispatcher.Invoke(() =>
    {
        WebContent.Content = Content;
    });
}
```

18. Comenta el código que realiza la suscripción al evento
    TaskScheduler.UnobservedTaskException.

```
public MainWindow()
{
    InitializeComponent();
    //TaskScheduler.UnobservedTaskException +=
    //    TaskScheduler_UnobservedTaskException;
}
```

19. Agrega el siguiente código al final del método para indicar cuando la tarea haya finalizado.

```
// Con fines de prueba:
// Damos tiempo a que se ejecute la tarea.
System.Threading.Thread.Sleep(3000);
// Forzamos la recolección de basura.
GC.WaitForPendingFinalizers();
GC.Collect();
WebContent.Content += "Tarea ejecutada";
}
```

20. Ejecuta la aplicación.

21. Haz clic en el botón ***Obtener contenido Web***. Puedes notar que la excepción generada por
    ser un URL no válido no es mostrada.

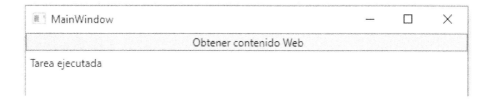

De manera predeterminada, a partir del .NET Framework 4.5, el motor de tiempo de ejecución .NET ignora las excepciones de tareas no observadas y permite que la aplicación se siga ejecutando. Este comportamiento contrasta con el comportamiento predeterminado en el .NET Framework 4.0, donde el motor de tiempo de ejecución .NET podía terminar cualquier proceso que lanzara excepciones de tareas no observadas. Podemos revertir al enfoque de terminación del proceso mediante la adición de un elemento **ThrowUnobservedTaskExceptions** en el archivo de configuración de la aplicación.

22. Regresa a Visual Studio y detén la ejecución.

23. Agrega el siguiente código dentro del archivo **App.config**.

```xml
<?xml version="1.0" encoding="utf-8" ?>
<configuration>
    <startup>
        <supportedRuntime version="v4.0" sku=".NETFramework,Version=v4.7" />
    </startup>

    <runtime>
      <ThrowUnobservedTaskExceptions enabled="true"/>
    </runtime>

</configuration>
```

Si establecemos **ThrowUnobservedTaskExceptions** en **true**, el motor de tiempo de ejecución .NET terminará cualquier proceso que contenga excepciones de tareas no observadas.

24. Ejecuta la aplicación.

25. Haz clic en el botón **Obtener contenido Web**. Puedes notar que Visual Studio detiene la aplicación debido a la excepción no observada (no manejada).

The application is in break mode

Your app has entered a break state, but there is no code to show because all threads were executing external code (typically system or framework code).

Suggested actions:

- Show Diagnostic Tools (view historical information from your debug session including exceptions and debug output)
- Check for running Tasks
- Continue execution

Una práctica recomendada es establecer el indicador **ThrowUnobservedTaskExceptions** en **true** durante el desarrollo de la aplicación y retirar el indicador antes de liberar el código.

En este ejercicio, mostramos la forma de manejar excepciones en métodos *esperables* y la forma de manejar excepciones *no observadas*.

Lección 4
Sincronizando el acceso concurrente a datos

Introducir *multiprocesamiento (multithreading)* en nuestras aplicaciones tiene varias ventajas en términos de rendimiento y capacidad de respuesta. Sin embargo, también introduce nuevos desafíos. Cuando podemos actualizar simultáneamente un recurso desde múltiples hilos, los recursos pueden ser dañados y convertirse en datos corruptos o pueden quedarse en un estado impredecible.

En esta lección, aprenderemos a utilizar varias técnicas de sincronización para asegurar que accedamos a recursos de una manera de **Hilo-Seguro** (**Thread-Safe**), en otras palabras, de una manera que impidamos que el acceso concurrente tenga efectos impredecibles.

Objetivos de la lección

Al finalizar esta lección, los participantes podrán:

- Utilizar instrucciones **lock** para prevenir el acceso concurrente al código.
- Utilizar primitivas de sincronización para restringir y controlar el acceso a los recursos.
- Utilizar colecciones concurrentes para almacenar datos de una manera de **Hilo-Seguro (Thread–Safe)**.

Utilizando Bloqueos

Al introducir multiprocesamiento en nuestras aplicaciones, podemos encontrar a menudo situaciones en las que un recurso es accedido simultáneamente desde múltiples hilos. Si cada uno de esos hilos puede modificar el recurso, este puede terminar en un estado impredecible.

Ejercicio
Utilizando Bloqueos

En este ejercicio conocerás la forma de aplicar un bloqueo de exclusión mutua (mutual-exclusión) a secciones críticas de código.

1. Crea una aplicación de **Consola** utilizando la plantilla **Console App (.NET Framework)**.

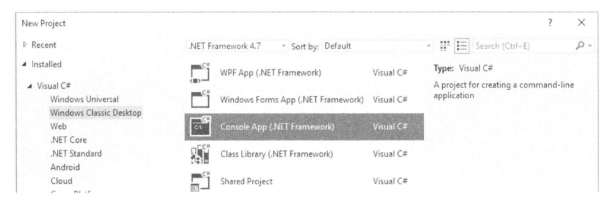

2. Agrega al proyecto un nuevo archivo de clase llamado **Product**. La clase **Product** nos permitirá simular la administración de la existencia de un producto de un almacén ficticio.

3. Modifica el código de la clase **Product** para definir una variable entera que almacene la existencia actual del producto. La clase **Product** también tendrá un constructor que reciba la existencia inicial del producto en el almacén.

```
class Product
{
    int UnitsInStock;
    public Product(int initialUnitsInStock)
    {
        UnitsInStock = initialUnitsInStock;
    }
}
```

Cuando se realice un pedido de una cantidad de un producto, un método se encargará de efectuar el proceso de atención del pedido.

4. Agrega la siguiente instrucción al inicio del archivo **Product.cs** para importar el espacio de nombre de la clase **Thread**.

```
using System.Threading;
```

5. Agrega el siguiente código a la clase **Product** para definir un método que devuelva **true** en caso de que haya existencia suficiente para atender el pedido y que devuelva **false** en caso contrario.

```csharp
public bool PlaceOrder(int requestedUnits)
{
    bool Acepted = false;

    // UnitsInStock jamás debería ser una cantidad negativa
    if(UnitsInStock < 0)
    {
        throw new Exception("La existencia no puede ser negativa.");
    }

    if(UnitsInStock >= requestedUnits)
    {
        // Simulamos un proceso de larga duración
        Thread.Sleep(1000);
        Console.WriteLine($"Existencia antes del pedido: {UnitsInStock}");
        // Restamos a la existencia la cantidad solicitada.
        UnitsInStock -= requestedUnits;
        Console.WriteLine($"Existencia después del pedido: {UnitsInStock}");
        Acepted = true;
    }
    else
    {
        Console.WriteLine(
            $"Existencia insuficiente: {requestedUnits} de {UnitsInStock}");
    }
    return Acepted;
}
```

Si para cualquier momento dado, un solo hilo puede invocar a este método, todo saldría bien. Sin embargo, supongamos que dos hilos invocan este método al mismo tiempo, la existencia actual del producto podría cambiar entre los pasos de comprobación de existencia y aprobación del pedido o bien entre la aprobación del pedido y la disminución de la existencia, haciendo imposible mantener el registro de la existencia actual del producto por lo que no sabríamos si podemos vender o no el producto deseado.

6. Agrega el siguiente código dentro del método **Main** del archivo **Program.cs** para simular la realización de pedidos.

```csharp
static void Main(string[] args)
{
    Product P = new Product(1000);
    Random R = new Random();
    // Simulamos 100 operaciones en paralelo.
    Parallel.For(0, 100, index =>
    {
```

```
        // Intentamos realizar un pedido de 1 a 100 unidades
        P.PlaceOrder(R.Next(1, 100));
    });
    Console.WriteLine("Presione <enter> para finalizar la aplicación...");
    Console.ReadLine();
}
```

7. Ejecuta la aplicación. Puedes notar que se genera una excepción que normalmente no debería ocurrir ya que la lógica no disminuye la cantidad existente si no hay existencia suficiente para realizar el pedido.

```
throw new Exception("La existencia no puede ser negativa.");  ⊗
```

Exception User-Unhandled   ⊶ ✕

System.Exception: 'La existencia no puede ser negativa.'

View Details | Copy Details
▷ Exception Settings

La excepción se genera debido al acceso concurrente a la sección de código crítica del método **PlaceOrder**.

Para resolver este problema, podemos utilizar la palabra clave **lock** para aplicar un bloqueo de **exclusión mutua** (**mutual–exclusion**) a secciones críticas de código, en nuestro caso, dentro del método **PlaceOrder.** Un bloqueo de *exclusión mutua* hace que cuando un hilo esté accediendo a la sección crítica, todos los demás hilos sean bloqueados.

Para aplicar un bloqueo de *exclusión mutua*, utilizamos la palabra clave **lock**. El bloqueo se aplica a un objeto debido a que el bloqueo trabaja asegurado que un objeto solo pueda ser accedido por un único hilo en cualquier momento dado. El objeto debería ser privado y no debería servir para otro fin en nuestra lógica, sólo para ser bloqueado.

8. Agrega el siguiente código a nivel de la clase **Product**, por ejemplo, antes de la declaración del método **PlaceOrder**.

```
private object ObjectToLock = new object();
```

El propósito de este objeto es proporcionar "*algo*" que la instrucción **lock** pueda hacer mutuamente exclusivo, bloqueándolo.

La sección crítica de código debe ir dentro del bloque **lock**. Mientras la instrucción **lock** esté en el ámbito de ejecución, sólo un hilo podrá entrar a la sección crítica en un momento dado.

9. Modifica el código del método **PlaceOrder** para proteger la sección crítica del código.

```csharp
private object ObjectToLock = new object();
public bool PlaceOrder(int requestedUnits)
{
    bool Acepted = false;

    // UnitsInStock jamás debería ser una cantidad negativa
    if(UnitsInStock < 0)
    {
        throw new Exception("La existencia no puede ser negativa.");
    }

    lock (ObjectToLock)
    {
        if (UnitsInStock >= requestedUnits)
        {
            // Simulamos un proceso de larga duración
            Thread.Sleep(1000);
            Console.WriteLine($"Existencia antes del pedido: {UnitsInStock}");
            // Restamos a la existencia la cantidad solicitada.
            UnitsInStock -= requestedUnits;
            Console.WriteLine($"Existencia después del pedido: {UnitsInStock}");
            Acepted = true;
        }
        else
        {
            Console.WriteLine(
                $"Existencia insuficiente: {requestedUnits} de {UnitsInStock}");
        }
    }
    return Acepted;
}
```

10. Ejecuta la aplicación. Podrás notar que la aplicación se ejecuta y finaliza sin problema.

```
C:\Demos\csasync\Activity07\Activity07\bin\Debug\Activity07.exe        —    □    ×
Existencia insuficiente: 1 de 0
Existencia insuficiente: 14 de 0
Existencia insuficiente: 82 de 0
Existencia insuficiente: 81 de 0
Existencia insuficiente: 52 de 0
Existencia insuficiente: 71 de 0
Existencia insuficiente: 1 de 0
Existencia insuficiente: 77 de 0
Existencia insuficiente: 83 de 0
Existencia insuficiente: 42 de 0
Existencia insuficiente: 56 de 0
Existencia insuficiente: 80 de 0
Existencia insuficiente: 23 de 0
Existencia insuficiente: 25 de 0
Presione <enter> para finalizar la aplicación...
```

11. Regresa a Visual Studio y detén la ejecución.

Es importante mencionar que internamente, la instrucción *lock* utiliza otro mecanismo de bloqueo mediante los métodos *Monitor.Enter* y *Monitor.Exit* para aplicar un bloqueo de exclusión mutua a una sección crítica de código.

La instrucción *lock*, encapsula a *Monitor.Enter*, el bloque *try-finally* y a *Monitor.Exit* dentro del bloque *finally*.

12. Modifica el código del método *PlaceOrder* para ejemplificar la forma en que *lock* realiza el bloqueo de exclusión mutua encapsulando a *Monitor.Enter*, el bloque *try-finally* y a *Monitor.Exit* dentro del bloque *finally*.

```csharp
public bool PlaceOrder(int requestedUnits)
{
    bool Acepted = false;

    // UnitsInStock jamás debería ser una cantidad negativa
    if (UnitsInStock < 0)
    {
        throw new Exception("La existencia no puede ser negativa.");
    }

    //lock (ObjetToLock)
    Monitor.Enter(ObjectToLock);
    try
    {
        if (UnitsInStock >= requestedUnits)
        {
            // Simulamos un proceso de larga duración
            Thread.Sleep(1000);
            Console.WriteLine($"Existencia antes del pedido: {UnitsInStock}");
            // Restamos a la existencia la cantidad solicitada.
            UnitsInStock -= requestedUnits;
            Console.WriteLine($"Existencia después del pedido: {UnitsInStock}");
            Acepted = true;
        }
        else
        {
            Console.WriteLine(
                $"Existencia insuficiente: {requestedUnits} de {UnitsInStock}");
        }
    }
    finally
    {
        Monitor.Exit(ObjectToLock);
    }
    return Acepted;
}
```

13. Ejecuta la aplicación. Podrás notar que la aplicación se ejecuta y finaliza sin problema.

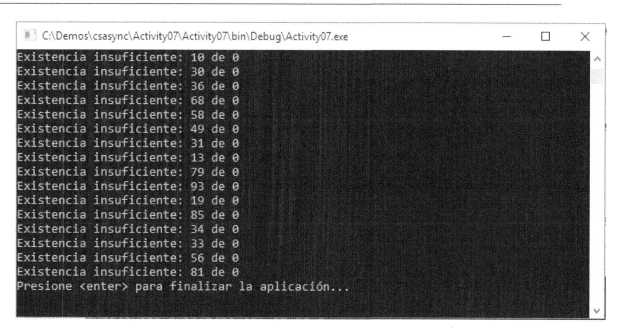

En este ejercicio mostramos el uso de la palabra clave *lock* para aplicar un ***bloqueo de exclusión
mutua*** (***mutual–exclusion***) a secciones críticas de código.

 Para obtener más información sobre la instrucción *lock*, se recomienda consultar el
siguiente enlace:

lock Statement (C# Reference)
http://go.microsoft.com/fwlink/?LinkID=267848

Thread Synchronization
http://go.microsoft.com/fwlink/?LinkID=267849

Primitivas de Sincronización Comunes: ManualResetEventSlim

Una primitiva de sincronización es un mecanismo por el cual un sistema operativo permite a sus usuarios, en este caso el motor de tiempo de ejecución de .NET, controlar la sincronización de Hilos. La biblioteca *Task Parallel* soporta un amplio rango de primitivas de sincronización que nos permiten controlar el acceso a los recursos de diversas maneras.

Una de las primitivas de sincronización es la clase **ManualResetEventSlim**. La clase *ManualResetEventSlim* permite que uno o más hilos esperen un evento de señalización. Un objeto *ManualResetEventSlim* se puede encontrar en uno de dos estados: **Signaled** y **NonSignaled**.

Ejercicio
Utilizando ManualResetEventSlim con Task Parallel Library

En este ejercicio conocerás el uso de la primitiva de sincronización *ManualResetEventSlim* soportada por la biblioteca **Task Parallel**.

1. Crea una aplicación de **Consola** utilizando la plantilla **Console App (.NET Framework)**.

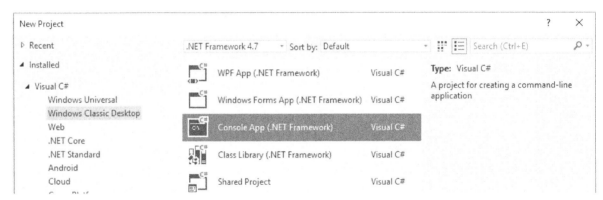

2. Agrega la siguiente instrucción al inicio del archivo **Program.cs** para importar el espacio de nombre de la clase **Thread**.

```
using System.Threading;
```

3. Agrega el siguiente código dentro de la clase **Program** para definir un método que nos permita ejemplificar el uso de la primitiva **ManualResetEventSlim**.

```
static void DoManualResetEventSlim()
{
}
```

4. Agrega el siguiente código dentro del método **DoManualResetEventSlim** para crear una instancia de la clase ManualResetEventSlim. Su estado predeterminado será **NonSignaled**.

```
ManualResetEventSlim M1 = new ManualResetEventSlim();
```

5. Agrega el siguiente código dentro del método **DoManualResetEventSlim** para crear una instancia de la clase *ManualResetEventSlim* especificando explícitamente su estado como **NonSignaled**.

```
ManualResetEventSlim M2 = new ManualResetEventSlim(false);
```

6. Agrega el siguiente código dentro del método **DoManualResetEventSlim** para crear una instancia de la clase *ManualResetEventSlim* especificando explícitamente su estado como **Signaled**.

```
ManualResetEventSlim M3 = new ManualResetEventSlim(true);
```

7. Agrega el siguiente código dentro del método **DoManualResetEventSlim** para definir una tarea asíncrona.

```
static void DoManualResetEventSlim()
{
    ManualResetEventSlim M1 = new ManualResetEventSlim();
    ManualResetEventSlim M2 = new ManualResetEventSlim(false);
    ManualResetEventSlim M3 = new ManualResetEventSlim(true);

    var T1 = Task.Run(()=>
    {
    });
}
```

Si un hilo invoca al método **Wait** de un objeto *ManualResetEventSlim* y el objeto se encuentra en estado *NonSignaled*, el hilo es bloqueado hasta que el estado del objeto *ManualResetEventSlim* cambie su estado a *Signaled*.

8. Agrega el siguiente código dentro de la tarea *T1* para que esta espere a que el objeto *M1* cambie su estado a *Signaled* y que envíe a la consola un mensaje cuando esto suceda.

```
var T1 = Task.Run(()=>
{
    M1.Wait();
    Console.WriteLine("M1 está en estado Signaled");
});
```

En la lógica de la tarea podemos invocar los métodos **Set** o **Reset** del objeto *ManualResetEventSLim* para cambiar su estado a *Signaled* o *NonSignaled* respectivamente.

9. Agrega el siguiente código dentro de la tarea *T1* para cambiar el estado de los objetos *M2* y *M3*.

```
var T1 = Task.Run(()=>
{
    M1.Wait();
    Console.WriteLine("M1 está en estado Signaled");
```

```csharp
    Console.WriteLine("Estableciendo estado NonSignaled al objeto M3...");
    M3.Reset();
    Console.WriteLine("Estableciendo estado Signaled al objeto M2...");
    M2.Set();
});
```

Cuando la tarea *T1* se ejecute, el objeto *M3* se encontrará en estado *Signaled* ya que el objeto *M1* está esperando a ser señalizado y por lo tanto el hilo de la tarea *T1* se encuentra detenido.

10. Agrega el siguiente código después de la declaración de la tarea *T1* para poder mostrar el estado de *M3*.

```csharp
var T1 = Task.Run(()=>
{
    M1.Wait();
    Console.WriteLine("M1 está en estado Signaled");
    Console.WriteLine("Estableciendo estado NonSignaled al objeto M3...");
    M3.Reset();
    Console.WriteLine("Estableciendo estado Signaled al objeto M2...");
    M2.Set();
});

Console.WriteLine(
    $"En el hilo principal ¿Estado de M3 es Signaled? {M3.IsSet}");
```

11. Agrega el siguiente código para señalizar a *M1*. Eso hará que la tarea *T1* continúe su ejecución.

```csharp
Console.WriteLine("El hilo principal señalizará a M1");
M1.Set();
```

12. Agrega el siguiente código para esperar a que el objeto *M2* sea señalizado. Eso hará que el hilo principal se detenga hasta que *M2* reciba el evento de señalización (al final de la tarea *T1*).

```csharp
Console.WriteLine("El hilo principal espera a que M2 sea señalizado");
M2.Wait();
```

Después de que *M2* sea señalizado, el hilo principal continuará su ejecución y el estado de *M3* será *NonSignaled* ya que fue restablecido en el código de la tarea *T1*.

13. Agrega el siguiente código para mostrar el estado de *M3*.

```csharp
Console.WriteLine(
    "En el hilo principal M2 ha sido señalizado");

// Ahora debe mostrar false ya que M3 fue establecido a NonSignaled
Console.WriteLine(
    $"En el hilo principal ¿Estado de M3 es Signaled? {M3.IsSet}");
```

Es una buena práctica invocar el método **Dispose** del objeto **ManualResetEventSlim** cuando hayamos terminado de utilizarlo.

14. Agrega el siguiente código para esperar a que la tarea **T1** haya finalizado completamente antes de hacer **Dispose** a los objetos *ManualResetEventSlim*.

```
T1.Wait();
M1.Dispose();
M2.Dispose();
M3.Dispose();
```

15. Agrega el siguiente código dentro del método **Main** para invocar al método *DoManualResetEventSlim*.

```
DoManualResetEventSlim();

Console.WriteLine("Presione <enter> para finalizar...");
Console.ReadLine();
```

16. Ejecuta la aplicación.

```
C:\Demos\csasync\Activity08\Activity08\bin\Debug\Activity08.exe
En el hilo principal ¿Estado de M3 es Signaled? True
El hilo principal señalizará a M1
El hilo principal espera a que M2 sea señalizado
M1 está en estado Signaled
Estableciendo estado NonSignaled al objeto M3...
Estableciendo estado Signaled al objeto M2...
En el hilo principal M2 ha sido señalizado
En el hilo principal ¿Estado de M3 es Signaled? False
Presione <enter> para finalizar...
```

Puedes notar que la ejecución se encuentra sincronizada tal y como lo muestra la secuencia de mensajes.

Normalmente la clase *ManualResetEventSlim* es utilizada para asegurar que sólo un hilo pueda acceder a un recurso en un momento dado.

En este ejercicio mostramos el uso de la primitiva de sincronización **ManualResetEventSlim** soportada por la biblioteca **Task Parallel**.

Para obtener más información sobre la clase **ManualResetEventSlim**, se recomienda consultar el siguiente enlace:

ManualResetEventSlim Class
http://go.microsoft.com/fwlink/?LinkID=267850

Primitivas de Sincronización Comunes: SemaphoreSlim

Otra de las primitivas de sincronización comunes que podemos utilizar con la biblioteca *Task Parallel* es a través de la clase **SemaphoreSlim**. La clase *SemaphoreSlim* nos permite restringir el número de hilos que pueden acceder a un recurso o grupo de recursos de forma concurrente, esto es, al mismo tiempo.

Ejercicio
Utilizando SemaphoreSlim con Task Parallel Library

En este ejercicio conocerás el uso de la primitiva de sincronización *SemaphoreSlim* soportada por la biblioteca **Task Parallel**.

1. Crea una aplicación de **Consola** utilizando la plantilla **Console App (.NET Framework)**.

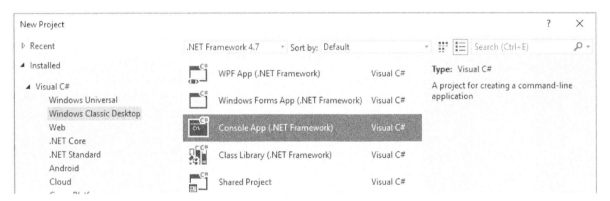

2. Agrega la siguiente instrucción al inicio del archivo **Program.cs** para importar el espacio de nombre de la clase **Thread**.

```
using System.Threading;
```

3. Agrega el siguiente código dentro de la clase **Program** para definir un método que nos permita ejemplificar el uso de la primitiva **SemaphoreSlim**.

```
static void UseSemaphoreSlim()
{
}
```

La clase *SemaphoreSlim* utiliza un contador entero para registrar el número de hilos que están accediendo actualmente a un recurso o a un grupo de recursos. Cuando creamos un objeto *SemaphoreSlim*, especificamos un valor inicial y opcionalmente el valor máximo de accesos concurrentes que serán permitidos.

4. Agrega el siguiente código dentro del método **UseSemaphoreSlim** para crear una instancia de *SemaphoreSlim* que permita dos accesos concurrentes.

```
SemaphoreSlim S = new SemaphoreSlim(2);
```

Cuando un hilo desea acceder a los recursos protegidos, este invoca al método **Wait** del objeto *SemaphoreSlim*. El método *Wait* bloquea el hilo hasta que pueda tener acceso.

5. Agrega el siguiente código dentro del método **UseSemaphoreSlim** para solicitar la continuación de ejecución esperando un máximo de 10,000 milisegundos.

```
bool Entered = S.Wait(10000);
```

El método *Wait* devolverá **true** si pasó exitosamente el semáforo o **false** en caso contrario, esto es, transcurrió el tiempo máximo de espera.

6. Agrega el siguiente código dentro del método **UseSemaphoreSlim** para mostrar el valor devuelto.

```
Console.WriteLine($"El hilo no tuvo que esperar 10000 milisegundos {Entered}");
```

Si el valor actual de accesos concurrentes permitidos del objeto *SemaphoreSlim* es mayor que cero, el contador es decrementado y al hilo le es otorgado el acceso para continuar su ejecución. En este ejemplo, debido a que el valor inicial del contador del objeto *SemaphoreSlim* es 2, el hilo no tendrá que esperar y continuará sin problema. El valor que devolverá el método *Wait* en este punto es **true**.

7. Agrega el siguiente código dentro del método **UseSemaphoreSlim** para solicitar la continuación de ejecución esperando un máximo de 10,000 milisegundos.

```
Entered = S.Wait(10000);
Console.WriteLine($"Segundo acceso exitoso: {Entered}");
```

En este punto, después de 2 accesos exitosos, el contador de accesos permitidos por *SemaphoreSlim* llegó cero. Si un hilo invoca al método *Wait* y el contador es cero, el hilo es bloqueado.

8. Agrega el siguiente código dentro del método **UseSemaphoreSlim** para solicitar la continuación de ejecución esperando un máximo de 10,000 milisegundos.

```
Console.WriteLine("Aquí ya no hay accesos y el hilo tendrá que esperar...");
Entered = S.Wait(10000);
Console.WriteLine($"Tercer acceso exitoso: {Entered}");
```

En este ejemplo, el valor que será mostrado es **false** ya que habrá transcurrido el tiempo máximo de espera (10,000 milisegundos) sin haber conseguido el permiso de *SemaphoreSlim*.

Cuando el hilo haya finalizado su ejecución, debe invocar al método **Release** del objeto *SemaphoreSlim*. Con esto, el contador es incrementado indicando que hay un acceso disponible.

9. Agrega el siguiente código dentro del método **UseSemaphoreSlim** para indicar que el hilo finalizó la ejecución.

```
S.Release();
```

Si un hilo invoca al método *Wait* y el contador es cero, el hilo es bloqueado hasta que otro hilo invoque al método *Release* o hasta que transcurra el tiempo máximo de espera.

10. Agrega el siguiente código dentro del método **UseSemaphoreSlim** para comprobar que después de ejecutar el método *Release*, el acceso es permitido nuevamente.

```
Entered = S.Wait(10000);
Console.WriteLine($"Después del Release el acceso es exitoso: {Entered}");
```

11. Agrega el siguiente código dentro del método **UseSemaphoreSlim** para lanzar una tarea asíncrona que libere el semáforo después de 100 milisegundos.

```
var T = Task.Run(() =>
{
    Thread.Sleep(100);
    Console.WriteLine("Tarea liberando el semáforo...");
    S.Release();
});
```

12. Agrega el siguiente código dentro del método **UseSemaphoreSlim** para mostrar el número actual de accesos concurrentes permitidos.

```
Console.WriteLine($"Accesos disponibles antes de esperar: {S.CurrentCount}");
T.Wait();
Console.WriteLine($"Disponibles después de la espera: {S.CurrentCount}");
S.Dispose();
```

13. Agrega el siguiente código dentro del método **Main** para invocar al método **UseSemaphoreSlim**.

```
static void Main(string[] args)
{
    UseSemaphoreSlim();
    Console.Write("Presiona <enter> para finalizar...");
    Console.ReadLine();
}
```

14. Ejecuta la aplicación. Puedes notar el resultado con la secuencia de mensajes esperada.

```
C:\Demos\csasync\Activity09\Activity09\bin\Debug\Activity09.exe
El hilo no tuvo que esperar 10000 milisegundos: True
Segundo acceso exitoso: True
Aquí ya no hay accesos y el hilo tendrá que esperar...
Tercer acceso exitoso: False
Después del Release el acceso es exitoso: True
Accesos disponibles antes de esperar: 0
Tarea liberando el semáforo...
Accesos disponibles después de la espera: 1
Presiona <enter> para finalizar...
```

En este ejercicio mostramos el uso de la primitiva de sincronización **SemaphoreSlim** soportada por la biblioteca **Task Parallel.**

Para obtener más información sobre la clase **SemaphoreSlim**, se recomienda consultar el siguiente enlace:

SemaphoreSlim Class
http://go.microsoft.com/fwlink/?LinkID=267851

Primitivas de Sincronización Comunes: CountdownEvent

Otra de las primitivas de sincronización comunes que podemos utilizar con la biblioteca *Task Parallel* es a través de la clase **CountdownEvent**. La clase *CountdownEvent* permite bloquear un hilo hasta que otros hilos hayan señalizado al objeto *CountdownEvent* un determinado número de veces.

Ejercicio
Utilizando CountdownEvent con Task Parallel Library

En este ejercicio conocerás el uso de la primitiva de sincronización *CountdownEvent* soportada por la biblioteca **Task Parallel**.

1. Crea una aplicación de **Consola** utilizando la plantilla **Console App (.NET Framework)**.

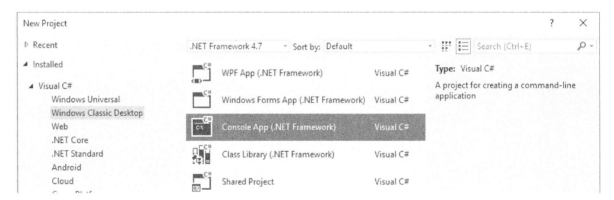

2. Agrega la siguiente instrucción al inicio del archivo **Program.cs** para importar el espacio de nombre de la clase **Thread**.

```
using System.Threading;
```

3. Agrega el siguiente código dentro de la clase **Program** para definir un método que nos permita ejemplificar el uso de la primitiva **CountdownEvent**.

```
static void UseCountdownEvent ()
{
}
```

Supongamos que tenemos una aplicación que se encarga de procesar pedidos. Los números de pedidos son almacenados en una cola que permite el acceso concurrente.

4. Agrega el siguiente código al inicio del archivo **Program.cs** para importar el espacio de nombres que contiene diversas clases colección de hilo-seguro que permiten el acceso concurrente de múltiples hilos de forma segura.

```
using System.Collections.Concurrent;
```

5. Agrega el siguiente código dentro del método **UseCountdownEvent** para definir un objeto **ConcurrentQueue** que almacenará los números de pedidos que deberán ser procesados.

```
ConcurrentQueue<int> OrdersQueue;
```

6. Agrega el siguiente código dentro del método **UseCountdownEvent** para asignar a la variable *OrdersQue* una lista de números enteros. Esto permitirá simular 10 números de pedidos consecutivos iniciando con el 1.

```
OrdersQueue = new ConcurrentQueue<int>(Enumerable.Range(1, 10));
```

7. Agrega el siguiente código dentro del método **UseCountdownEvent** para simular la acción que procesa los pedidos.

```
Action ProcessOrder = () =>
{
    int Order;
    int ProcessedOrders = 0;
    // Mientras haya pedidos por procesar
    while (OrdersQueue.TryDequeue(out Order))
    {
        // Simulamos el procesamiento del pedido
        Console.Write($"Hilo: {Thread.CurrentThread.ManagedThreadId}, ");
        Console.WriteLine($"Pedido: {Order}");
        Thread.Sleep(1000);
        ProcessedOrders++;
    }
    Console.Write($"Hilo: {Thread.CurrentThread.ManagedThreadId}, ");
    Console.WriteLine($"Pedidos procesados: {ProcessedOrders}");
};
```

8. Agrega el siguiente código dentro del método **UseCountdownEvent** para lanzar 3 hilos que procesen los pedidos de forma simultánea y mostrar un mensaje cuando los pedidos hayan sido procesados.

```
Task.Run(ProcessOrder);
Task.Run(ProcessOrder);
Task.Run(ProcessOrder);

Console.WriteLine("Todos los pedidos han sido procesados.");
```

9. Agrega el siguiente código dentro del método **Main** para invocar al método **UseCountdownEvent**.

```
static void Main(string[] args)
{
    UseCountdownEvent();
    Console.WriteLine("Presione <enter> para finalizar.");
    Console.ReadLine();
}
```

10. Ejecuta la aplicación. Puedes notar que el mensaje que indica que todos los pedidos han sido procesados es mostrado sin que esto sea realmente cierto.

```
C:\Demos\csasync\Activity10\Activity10\bin\Debug\Activity10.exe
Todos los pedidos han sido procesados.
Presione <enter> para finalizar.
Hilo: 5, Pedido: 1
Hilo: 3, Pedido: 3
Hilo: 4, Pedido: 2
Hilo: 4, Pedido: 4
Hilo: 5, Pedido: 6
Hilo: 3, Pedido: 5
Hilo: 5, Pedido: 7
Hilo: 4, Pedido: 8
Hilo: 3, Pedido: 9
Hilo: 5, Pedido: 10
Hilo: 3, Pedidos procesados: 3
Hilo: 4, Pedidos procesados: 3
Hilo: 5, Pedidos procesados: 4
```

Si queremos que el mensaje aparezca solo cuando se hayan procesado todos los pedidos, podemos utilizar la primitiva **CountdownEvent**. Esta clase permite bloquear un hilo hasta que otros hilos hayan señalizado al objeto *CountdownEvent* un determinado número de veces. Cuando creamos un objeto *CountdownEvent*, especificamos un valor entero inicial que especifica el número de señalamientos requeridos, esto es útil debido a que nuestro código puede establecer dinámicamente el valor inicial del contador dependiendo de cuanto trabajo tiene que ser realizado.

11. Agrega el siguiente código después de la inicialización del objeto **ConcurrentQueue** para crear un objeto **CountdownEvent** que espere 10 señalamientos (un señalamiento por cada pedido procesado).

```csharp
static void UseCountdownEvent()
{
    ConcurrentQueue<int> OrdersQueue;
    OrdersQueue = new ConcurrentQueue<int>(Enumerable.Range(1, 10));

    CountdownEvent CDE = new CountdownEvent(10);
```

Cuando un hilo complete una operación, puede invocar al método **Signal** del objeto **CountdownEvent** para decrementar el contador.

12. Agrega el siguiente código para decrementar el valor del contador una vez que un pedido haya sido procesado.

```csharp
ProcessedOrders++;

CDE.Signal();
```

Cualquier hilo que invoque al método **Wait** del objeto **CountdownEvent** es bloqueado hasta que el contador llegue a cero.

13. Agrega el siguiente código para esperar a que el contador de **CountdownEvent** llegue a cero. Esto indicará que todos los pedidos han sido procesados.

```
Task.Run(ProcessOrder);
Task.Run(ProcessOrder);
Task.Run(ProcessOrder);

CDE.Wait();

Console.WriteLine("Todos los pedidos han sido procesados.");
```

14. Ejecuta la aplicación. Puedes notar que el mensaje que indica que todos los pedidos han sido procesados es mostrado correctamente después de que efectivamente todos los pedidos hayan sido procesados.

```
C:\Demos\csasync\Activity10\Activity10\bin\Debug\Activity10.exe
Hilo: 3, Pedido: 2
Hilo: 4, Pedido: 1
Hilo: 5, Pedido: 3
Hilo: 5, Pedido: 4
Hilo: 3, Pedido: 5
Hilo: 4, Pedido: 6
Hilo: 5, Pedido: 7
Hilo: 3, Pedido: 8
Hilo: 4, Pedido: 9
Hilo: 3, Pedido: 10
Hilo: 5, Pedidos procesados: 3
Hilo: 4, Pedidos procesados: 3
Hilo: 3, Pedidos procesados: 4
Todos los pedidos han sido procesados.
Presione <enter> para finalizar.
```

En este ejercicio mostramos el uso de la primitiva de sincronización **CountdownEvent** soportada por la biblioteca **Task Parallel**.

Para obtener más información sobre la clase **CountdownEvent**, se recomienda consultar el siguiente enlace:

CountdownEvent Class
http://go.microsoft.com/fwlink/?LinkID=267852

Primitivas de Sincronización Comunes: ReaderWriterLockSlim

Otra de las primitivas de sincronización comunes que podemos utilizar con la biblioteca *Task Parallel* es a través de la clase **ReaderWriterLockSlim**. La clase **ReaderWriterLockSlim** permite restringir el acceso de escritura sobre un recurso a un hilo a la vez y al mismo tiempo permite que múltiples hilos puedan leer el recurso de forma simultánea.

Ejercicio
Utilizando ReaderWriterLockSlim con Task Parallel Library

En este ejercicio conocerás el uso de la primitiva de sincronización **ReaderWriterLockSlim** soportada por la biblioteca **Task Parallel**.

1. Crea una aplicación de **Consola** utilizando la plantilla **Console App (.NET Framework)**.

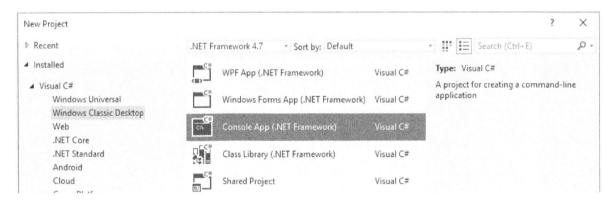

2. Agrega la siguiente instrucción al inicio del archivo **Program.cs** para importar el espacio de nombre de la clase **Thread**.

   ```
   using System.Threading;
   ```

3. Agrega el siguiente código al inicio del archivo **Program.cs** para importar el espacio de nombres que contiene diversas clases colección de hilo-seguro que permiten el acceso concurrente de múltiples hilos de forma segura.

   ```
   using System.Collections.Concurrent;
   ```

4. Agrega el siguiente código dentro de la clase **Program** para definir un método que nos permita ejemplificar el uso de la primitiva **ReaderWriterLockSlim**.

   ```
   static void UseReaderWriterLockSlim()
   {
   }
   ```

   Supongamos que tenemos un método que procesa pedidos y para cada pedido le asociamos un número de factura. Deseamos que una factura solo pueda ser asociada a un único pedido.

Podemos utilizar el mismo código de procesamiento de pedidos que creamos en un ejercicio anterior.

5. Agrega el siguiente código dentro del método ***UseReaderWriterLockSlim***.

```csharp
static void UseReaderWriterLockSlim()
{
    ConcurrentQueue<int> OrdersQueue;
    OrdersQueue = new ConcurrentQueue<int>(Enumerable.Range(1, 10));
    CountdownEvent CDE = new CountdownEvent(10);
    Action ProcessOrder = () =>
    {
        int Order;
        int ProcessedOrders = 0;
        // Mientras haya pedidos por procesar
        while (OrdersQueue.TryDequeue(out Order))
        {
            // Simulamos el procesamiento del pedido
            Console.Write($"Hilo: {Thread.CurrentThread.ManagedThreadId}, ");
            Console.WriteLine($"Pedido: {Order}");
            Thread.Sleep(1000);
            ProcessedOrders++;
            CDE.Signal();
        }
        Console.Write($"Hilo: {Thread.CurrentThread.ManagedThreadId}, ");
        Console.WriteLine($"Pedidos procesados: {ProcessedOrders}");
    };
    Task.Run(ProcessOrder);
    Task.Run(ProcessOrder);
    Task.Run(ProcessOrder);
    CDE.Wait();
    Console.WriteLine("Todos los pedidos han sido procesados.");
}
```

6. Agrega el siguiente código antes de la definición del método *UseReaderWriterLockSlim* para declarar una variable que almacenará el número de factura actual.

```csharp
static int CurrentInvoiceNumber = 0;

static void UseReaderWriterLockSlim()
{
```

7. Modifica el ciclo ***while*** para simular la asignación de un número de factura a cada pedido procesado.

```csharp
while (OrdersQueue.TryDequeue(out Order))
{
    // Simulamos el procesamiento del pedido
    Console.Write($"Hilo: {Thread.CurrentThread.ManagedThreadId}, ");
    Console.WriteLine($"Pedido: {Order}");

    int NewInvoiceNumber = CurrentInvoiceNumber + 1;
    Console.WriteLine($"Asignando factura {NewInvoiceNumber} a pedido {Order}");
    // Simular una operación de larga duración
```

```
    Thread.Sleep(500);
    CurrentInvoiceNumber++;
    // Simular una operación de larga duración
    Thread.Sleep(500);
    Console.WriteLine(
        $"Factura {CurrentInvoiceNumber} asignada a pedido {Order}");

    ProcessedOrders++;
    CDE.Signal();
}
```

8. Agrega el siguiente código dentro del método **Main** para invocar al método *UseReaderWriterLockSlim*.

```
static void Main(string[] args)
{
    UseReaderWriterLockSlim();
    Console.Write("Presione <enter> para finalizar...");
    Console.ReadLine();
}
```

9. Ejecuta la aplicación. Puedes notar que hay facturas que son asignadas a más de un pedido.

```
C:\Demos\csasync\Activity11\Activity11\bin\Debug\Activity11.exe
Asignando factura 1 a pedido 3
Factura 3 asignada a pedido 1
Hilo: 5, Factura 3 asignada a pedido 2
Hilo: 3, Pedido: 5
Asignando factura 4 a pedido 5
Pedido: 4
Asignando factura 4 a pedido 4
Factura 3 asignada a pedido 3
Hilo: 4, Pedido: 6
Asignando factura 4 a pedido 6
Factura 6 asignada a pedido 5
Hilo: 3, Pedido: 7
Asignando factura 7 a pedido 7
Factura 6 asignada a pedido 6
```

El acceso concurrente hace que un número de factura pueda ser asignado a más de un pedido, pero lo deseado es que una factura solo esté asociada a un solo pedido.

La clase **ReaderWriterLockSlim** permite restringir el acceso para escritura sobre un recurso a un hilo a la vez al mismo tiempo que permite a múltiples hilos leer el recurso de forma simultánea.

10. Agrega el siguiente código al inicio del método **UseReaderWriterLockSlim** para crear una instancia de **ReaderWriterLockSlim**.

```
ReaderWriterLockSlim RWLS = new ReaderWriterLockSlim();
```

Si un hilo desea leer el recurso, este debe invocar al método **EnterReadLock** del objeto **ReaderWriterLockSlim**. El hilo quedará congelado hasta que pueda conseguir la entrada al bloqueo de solo lectura.

11. Agrega el siguiente código para intentar aplicar un bloqueo de lectura antes de obtener el nuevo posible número de factura.

```
RWLS.EnterReadLock();
int NewInvoiceNumber = CurrentInvoiceNumber + 1;
```

Después de que el recurso sea leído, el hilo debe invocar al método **ExitReadLock**.

12. Agrega el siguiente código para finalizar el bloqueo de lectura.

```
RWLS.EnterReadLock();
int NewInvoiceNumber = CurrentInvoiceNumber + 1;
Console.WriteLine($"Asignando factura {NewInvoiceNumber} a pedido {Order}");
// Simular una operación de larga duración
Thread.Sleep(500);
RWLS.ExitReadLock();
```

Mientras se ejecuta el código entre **RWLS.EnterReadLock()** y **RWLS.ExitReadLock()**, otros hilos pueden solicitar la entrada de un bloqueo de lectura, pero los hilos que soliciten un bloqueo de escritura quedarán en espera (bloqueados).

Si un hilo desea escribir a un recurso, debe invocar al método **EnterWriteLock**.

13. Agrega el siguiente código para esperar a que se pueda aplicar un bloqueo de escritura antes de incrementar el número de factura actual.

```
RWLS.EnterWriteLock();
CurrentInvoiceNumber++;
```

Si uno o más hilos tienen un bloqueo de lectura sobre el recurso, el método **EnterWriteLock** se congela hasta que todos los bloqueos de lectura sean liberados. Cuando el hilo ha finalizado la escritura sobre el recurso, debe invocar al método **ExitWriteLock**.

14. Agrega el siguiente código para finalizar el bloqueo de escritura.

```
RWLS.EnterWriteLock();
CurrentInvoiceNumber++;
// Simular una operación de larga duración
Thread.Sleep(500);
Console.WriteLine(
    $"Factura {CurrentInvoiceNumber} asignada a pedido {Order}");
RWLS.ExitWriteLock();
```

Las llamadas al método **EnterReadLock** son bloqueadas hasta que el bloqueo de escritura sea liberado. Como resultado, en cualquier momento, un recurso puede ser bloqueado ya sea

por un escritor o por múltiples lectores. Este tipo de bloqueo de lectura/escritura es útil en un rango amplio de escenarios. Por ejemplo, una aplicación bancaria podría permitir a múltiples hilos leer el saldo una cuenta de manera simultánea pero un hilo que requiere modificar el saldo de la cuenta requiere un bloqueo exclusivo.

15. Ejecuta la aplicación y observa el resultado. Puedes notar que ahora un número de factura se asigna a un único pedido.

```
C:\Demos\csasync\Activity11\Activity11\bin\Debug\Activity11.exe

Hilo: 3, Pedido: 1
Asignando factura 1 a pedido 1
Hilo: 4, Hilo: 7, Pedido: 2
Asignando factura 1 a pedido 2
Pedido: 3
Asignando factura 1 a pedido 3
Factura 1 asignada a pedido 1
Hilo: 3, Pedido: 4
Factura 2 asignada a pedido 3
Hilo: 4, Pedido: 5
Factura 3 asignada a pedido 2
Hilo: 7, Pedido: 6
Asignando factura 4 a pedido 6
Asignando factura 4 a pedido 4
Asignando factura 4 a pedido 5
Factura 4 asignada a pedido 6
Hilo: 7, Pedido: 7
Factura 5 asignada a pedido 4
Hilo: 3, Pedido: 8
Factura 6 asignada a pedido 5
Hilo: 4, Pedido: 9
Asignando factura 7 a pedido 9
Asignando factura 7 a pedido 8
Asignando factura 7 a pedido 7
Factura 7 asignada a pedido 7
Hilo: 7, Pedido: 10
Factura 8 asignada a pedido 9
Hilo: 4, Pedidos procesados: 3
Factura 9 asignada a pedido 8
Hilo: 3, Pedidos procesados: 3
Asignando factura 10 a pedido 10
Factura 10 asignada a pedido 10
Hilo: 7, Pedidos procesados: 4
Todos los pedidos han sido procesados.
Presione <enter> para finalizar...
```

Podemos notar que el bloqueo de lectura permitió que otros hilos pudieran leer el número de factura actual por lo que hubo el intento de asignar el mismo número de factura a varios pedidos.

```
Hilo: 3, Pedido: 1
Asignando factura 1 a pedido 1
Hilo: 4, Hilo: 7, Pedido: 2
Asignando factura 1 a pedido 2
Pedido: 3
Asignando factura 1 a pedido 3
```

También podemos notar que la escritura de incremento de factura no permitió asignar el mismo número de factura a más de un pedido ya que hubo un bloqueo exclusivo.

En este ejercicio mostramos el uso de la primitiva de sincronización *ReaderWriterLockSlim* soportada por la biblioteca *Task Parallel*.

Para obtener más información sobre la clase *ReaderWriterLockSlim*, se recomienda consultar el siguiente enlace:

ReaderWriterLockSlim Class
http://go.microsoft.com/fwlink/?LinkID=267853

Primitivas de Sincronización Comunes: Barrier

Otra de las primitivas de sincronización comunes que podemos utilizar con la biblioteca *Task Parallel* es a través de la clase **Barrier**. La clase *Barrier* permite detener temporalmente la ejecución de varios hilos hasta que todos ellos hayan llegado a un punto en particular.

Ejercicio
Utilizando Barrier con Task Parallel Library

En este ejercicio conocerás el uso de la primitiva de sincronización *Barrier* soportada por la biblioteca **Task Parallel**.

1. Crea una aplicación de **Consola** utilizando la plantilla **Console App (.NET Framework)**.

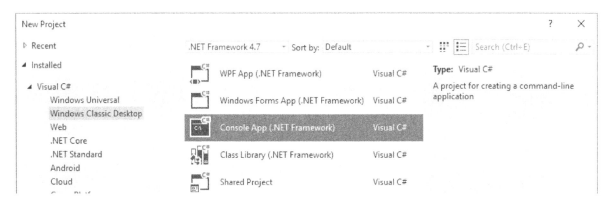

2. Agrega la siguiente instrucción al inicio del archivo **Program.cs** para importar el espacio de nombre de la clase **Thread**.

```
using System.Threading;
```

3. Agrega el siguiente código dentro de la clase **Program** para definir un método que nos permita ejemplificar el uso de la primitiva **Barrier**.

```
static void UseBarrier()
{
}
```

Supongamos que tenemos que realizar un proceso de instalación de un sistema que se divide en cuatro fases:

- Fase 1: Copiar archivos comprimidos desde el dispositivo origen.
- Fase 2: Extraer archivos de instalación.
- Fase 3: Instalar los módulos del Sistema.
- Fase 4: Configurar los módulos instalados

Cada fase debe completarse antes de pasar a la siguiente fase. No podemos empezar a extraer archivos si aún no se han copiado todos los archivos fuente comprimidos, tampoco podemos empezar a instalar los módulos si estos aún no han sido extraídos y no podemos configurarlos si aún no han sido instalados. Debido a que el proceso a realizar es de larga duración, deseamos agilizar el proceso lanzando 4 hilos de forma simultánea para que realicen todo el proceso.

4. Agrega el siguiente código dentro del método **UseBarrier** para simular la ejecución del proceso de instalación del sistema utilizando 4 hilos en paralelo.

```csharp
static void UseBarrier()
{
    Action Install = () =>
    {
        // Fase 1

        // Fase 2

        // Fase 3

        // Fase 4
    };
    Parallel.Invoke(Install, Install, Install, Install);
}
```

El problema que tenemos ahora es que debemos sincronizar cada hilo antes de iniciar una fase. La clase **Barrier** permite detener temporalmente la ejecución de varios hilos hasta que todos ellos hayan llegado a un punto en particular, en nuestro caso, en el punto en que hayan terminado una fase.

Cuando creamos un objeto *Barrier*, especificamos un número inicial de hilos participantes, en nuestro caso, queremos 4 hilos participando.

5. Agrega el siguiente código al inicio del método **UseBarrier** para crear un objeto *Barrier* indicando que hay 4 hilos participantes.

```csharp
Barrier B = new Barrier(4);
```

El objeto *Barrier* cuenta con los métodos **AddParticipant** y **RemoveParticipant** para agregar o eliminar un hilo participante. También cuenta con los métodos **AddParticipants** y **RemoveParticipants** para agregar o eliminar un grupo de hilos participantes.

Cuando un hilo alcance el punto de sincronización deseado, por ejemplo, al finalizar una fase, el hilo debe invocar al método **SignalAndWait** del objeto *Barrier*.

6. Agrega el siguiente código para indicar que el hilo actual ha alcanzado el fin de la fase 1.

```
// Fase 1
B.SignalAndWait();
```

SingnalAndWait decrementa el contador *Barrier* y también bloquea el hilo actual hasta que el contador llegue a cero. Cuando el contador llega a cero, a todos los hilos se les permite continuar. La clase *Barrier* es utilizada frecuentemente en escenarios donde varias tareas realizan cálculos interrelacionados en un periodo de tiempo y después esperan a que todas las otras tareas alcancen el mismo punto antes de realizar cálculos interrelacionados en el siguiente periodo de tiempo.

7. Modifica el método **UseBarrier** para indicar los puntos en que es finalizada cada fase del proceso.

```
static void UseBarrier()
{
    Barrier B = new Barrier(4);

    Action Install = () =>
    {
        // Fase 1
        B.SignalAndWait();
        // Fase 2
        B.SignalAndWait();
        // Fase 3
        B.SignalAndWait();
        // Fase 4
        B.SignalAndWait();
    };
    Parallel.Invoke(Install, Install, Install, Install);
}
```

Una fase se considera terminada cuando todos los hilos participantes hayan reportado que han terminado la fase invocando el método **SignalAndWait**.

8. Agrega el siguiente código al inicio del método **UseBarrier** para poder contar el número de veces que un hilo invoca al método **SignalAndWait**.

```
int Counter = 0;
```

9. Agrega el siguiente código para incrementar el contador al finalizar cada fase. La clase **Interlocked**, proporciona operaciones atómicas para variables que son compartidas por múltiples hilos.

```
// Fase 1
Interlocked.Increment(ref Counter);
B.SignalAndWait();
// Fase 2
Interlocked.Increment(ref Counter);
B.SignalAndWait();
```

```
// Fase 3
Interlocked.Increment(ref Counter);
B.SignalAndWait();
// Fase 4
Interlocked.Increment(ref Counter);
B.SignalAndWait();
```

También es posible indicar al objeto *Barrier* que ejecute una acción cada vez que una fase haya sido finalizada.

10. Modifica la declaración del objeto *Barrier* para que envíe a la consola un mensaje indicando el momento en que cada fase es finalizada.

```
Barrier B = new Barrier(4, (BarrierObject) =>
{
    string Message =
    $"Fase {BarrierObject.CurrentPhaseNumber} finalizada. " +
    $"{Counter} notificaciones";
    Console.WriteLine(Message);
});
```

Es una buena práctica invocar al método **Dispose** cuando hayamos terminado de utilizar el objeto *Barrier*.

11. Agrega el siguiente código al final del método **UseBarrier** para invocar al método **Dispose** del objeto *Barrier*.

```
B.Dispose();
```

12. Agrega el siguiente código dentro del método **Main** para invocar al método **UseBarrier**.

```
static void Main(string[] args)
{
    UseBarrier();
    Console.Write("Presione <enter> para finalizar...");
    Console.ReadLine();
}
```

13. Ejecuta la aplicación. Puedes notar que por cada fase finalizada se reciben 4 notificaciones tal y como era esperado, una notificación por cada uno de los 4 hilos, 16 notificaciones en total por las 4 fases.

```
C:\Demos\csasync\Activity12\Activity12\bin\Debug\Activity12.exe
Fase 0 finalizada. 4 notificaciones
Fase 1 finalizada. 8 notificaciones
Fase 2 finalizada. 12 notificaciones
Fase 3 finalizada. 16 notificaciones
Presione <enter> para finalizar...
```

Muchas de las clases de sincronización, permiten establecer tiempos de espera (timeouts) en términos del número de giros (*Spins*). Cuando un hilo está esperando un evento, se dice que está girando (*Spin*). La cantidad de tiempo que toma un *Spin* depende de la computadora que está ejecutando el hilo. Por ejemplo, si utilizamos la clase *ManualResetEventSlim*, podemos especificar el número máximo de *Spins* como un argumento del constructor. Si un hilo está esperando al objeto *ManualResetEventSlim* para señalizar y este alcanza el número máximo de *Spins*, el hilo es suspendido y deja de utilizar los recursos del procesador. Esto ayuda a asegurar que las tareas en espera no consuman tiempo excesivo de procesador.

En este ejercicio mostramos el uso de la primitiva de sincronización **Barrier** que junto con las clases **ManualResetEventSlim**, **SemaphoreSlim**, **CountdownEvent** y **ReaderWriterLockSlim** son las primitivas de sincronización de hilos más comunes soportadas por la biblioteca *Task Parallel*.

Para obtener más información sobre la clase **Barrier**, se recomienda consultar el siguiente enlace:

Barrier Class
http://go.microsoft.com/fwlink/?LinkID=267854

Utilizando Colecciones Concurrentes

Las clases colección estándar en el .NET Framework son, de manera predeterminada, no *thread-safe* (sin seguridad en el hilo), esto significa que cuando accedemos a sus elementos de forma concurrente mediante múltiples hilos, debemos implementar explícitamente un esquema de prevención de contenciones. Cuando accedemos a colecciones desde múltiples hilos, debemos asegurarnos de no comprometer la integridad de las colecciones. Una forma de hacer esto es utilizar las primitivas de sincronización descritas anteriormente en esta lección para controlar el acceso concurrente a las colecciones. Sin embargo, el .NET Framework también incluye un conjunto de colecciones que están diseñadas específicamente para el acceso *thread-safe*.

La siguiente tabla describe algunas de las clases e interfaces que proporciona el espacio de nombres **System.Collection.Concurrent** diseñadas específicamente para el acceso *thread-safe*.

Clase o Interface	Descripción
ConcurrentBag<T>	Esta clase proporciona una manera *thread-safe* para almacenar una colección no ordenada de elementos.
ConcurrentDictionary<TKey, TValue>	Esta clase proporciona una alternativa *thread-safe* para la clase **Dictionary<TKey, TValue>.**
ConcurrentQueue<T>	Esta clase proporciona una alternativa *thread-safe* para la clase **Queue<T>.**
ConcurrentStack<T>	Esta clase proporciona una alternativa *thread-safe* para la clase **Stack<T>.**
IProducerConsumerCollection<T>	Esta interface define métodos para implementar clases que presentan un comportamiento productor/consumidor, en otras palabras, clases que distinguen entre los productores que agregan elementos a una colección y los consumidores que leen elementos de una colección. Esta distinción es importante porque estas colecciones necesitan implementar un patrón de bloqueo de lectura/escritura, donde la colección puede ser bloqueada por un único escritor o por múltiples lectores. Las clases **ConcurrentBag<T>**, **ConcurrentQueue<T>** y **ConcurrentStack<T>** implementan está Interface.
BlockingCollection<T>	Esta clase actúa como encapsulador de colecciones que implementan la interface **IProducerConsumerCollection<T>.** Por ejemplo, **BlockingCollection** puede bloquear las solicitudes de lectura hasta que un bloqueo de lectura esté disponible en lugar de simplemente rechazar una solicitud si un bloqueo no está disponible. Se puede también utilizar la clase **BlockingCollection<T>** para limitar el tamaño de la colección subyacente. En este caso, las solitudes para agregar elementos son bloqueadas hasta que haya espacio disponible.

 Para obtener más información acerca de cómo utilizar las colecciones concurrentes, se recomienda consultar el siguiente enlace:

System.Collections.Concurrent Namespace
http://go.microsoft.com/fwlink/?LinkID=267855

Printed in Great Britain
by Amazon

76842312R00072